NEUGUINEA

Empfohlen vom

WORLD WILDLIFE FUND

DR. F. VOLLMAR
Generaldirektor
WORLD WILDLIFE FUND

Dichte Regenwälder und schwer zu durchdringende Bergland-schaften, zusammen mit der Insellage, haben dafür gesorgt, dass NEUGUINEA, besonders der bisher von Australien verwaltete, nunmehr aber an der Schwelle der Unabhängigkeit stehende Ostteil PAPUA NEW GUINEA, von der Aussenwelt abgeschlossen war. So kommt es, dass dort in der Welt einzigartige Natur- und Kultur-schätze bis heute fast unberührt geblieben sind. Daraus erwachsen dem jungen Lande grosse Möglichkeiten und Aufgaben im Natur- wie auch im Kulturschutz, die der Autor in neuartiger, aller Beachtung werter Sicht miteinander zu lösen vorschlägt.

Im NATURSCHUTZ bietet sich jetzt die Gelegenheit, bevor der sich nun auch dort drohend abzeichnende Prozess der Natur-zerstörung schon unwiederbringlichen Schaden angerichtet hat wie in so vielen anderen Ländern, vorausschauend zu planen und rechtzeitig ein umfassendes System von Nationalparks und Naturreservaten zur Erhaltung seiner typischen – und oftmals einzigartigen – natürlichen Lebensgemeinschaften aufzubauen. Der Weltnaturfonds WORLD WILDLIFE FUND, der bereits eine längere, der Ausarbeitung eines Gesamtplanes für den Natur-schutz in Papua gewidmete Forschungsreise des Autors unter-stützt hat, ist dazu bereit, dem jungen Lande bei der Verwirk-lichung dieses Planes, der zugleich Chance und Verpflichtung be-deutet, zur Seite zu stehen und bei bedeutenderen Projekten zur Erhaltung mindestens von Ausschnitten der wichtigsten Natur-landschaften mit ihrer natürlichen Pflanzen- und Tierwelt mitzu-helfen. Wenn es dabei möglich wird, im Sinne der umfassenden Schutzkonzeption des Autors durch die Schaffung von Schutz-gebieten zusammen mit den natürlichen Werten auch gleich ein-zigartige Kulturgüter, die mit zum unverwechselbaren Erbe dieses Landes gehören, zu erhalten und damit sein touristisches Potential und seine wirtschaftliche Lebensgrundlage zu verbes-sern, so kann sich neben dem Naturschützer auch der vornehm-lich der Kultur verpflichtete Mensch – Leser oder Besucher – auf die Ergebnisse der Schutzbemühungen in Papua freuen.

Thomas Schultze-Westrum

NEU_ GUINEA

Papua —
Urwelt im Aufbruch

Kümmerly & Frey Geographischer Verlag Bern
BLV Verlagsgesellschaft München Bern Wien

Der Verfasser dankt folgenden Herren und Institutionen für wertvolle Hilfe: Herrn David R. Moore, The Australian Museum, Sydney (Bilder 44–46); Herrn Pater Dr. Ernst Borgmann SVD, Köln (Bilder und Bestimmungen 83–85); Herrn William G. Conway, Generaldirektor der New York Zoological Society (Angaben über Nationalparkbesucher in den USA); Herrn Dr. Gerd Diesselhorst, Zoologische Staatssammlung München (Bestimmungen Bilder 10, 14); Herrn Dr. Walter Forster, Zoologische Staatssammlung München (Bestimmungen Bilder 12, 13, 81); Herrn Eugen Schuhmacher, Grünwald (Bild 8); Herrn Prof. Dr. C. G. G. J. van Steenis, Rijksherbarium Leiden (Bestimmungen Bilder 16, 17, 68, 76, 86); Herrn Dr. Richard G. Zweifel, The American Museum of Natural History New York (Bestimmungen Bilder 78, 79). Weitere Informationen verdanke ich den Herren und Institutionen, die in meinem Bericht für den World Wildlife Fund «Conservation in Papua and New Guinea» 1970 genannt wurden.

Graphische Gestaltung: Kümmerly & Frey, Geographischer Verlag, Bern
Photolitho, Kartenskizzen und Vierfarbenoffsetdruck: Kümmerly & Frey, Graphische Anstalt, Bern
Klischees: Ernst Kreienbühl & Cie AG, Luzern
Satz, Druck und Einband: Stämpfli + Cie AG, Bern
Papier: Adank & Deiss, Zürich

Inhalt

Umschlag: *Moka*-Fest der Mbowamb im zentralen Hochland

6

Vorwort

Arktis und Antarktis, das Amazonasbecken, Zentralasien, Neuguinea – in der Erforschungsgeschichte der Erde verbindet sich mit diesen Namen der Begriff letzter grosser Barrieren, echter Entdeckungsabenteuer. Doch schon 1541 befuhr der Spanier Francisco de Orellana den Amazonasstrom in seiner ganzen Länge. Jesuiten gründeten bereits 1661 eine Mission in Lhasa, und zu der Zeit, als die Erforschung des Innern Neuguineas gerade erst begann – etwa 1875 –, hatten Charles Hall den 82. Grad nördlicher Breite (82°16′) und Sir James Ross den 78. Grad südlicher Breite (78°10′) erreicht; sie waren damit weit genug vorgedrungen, um sich eine Vorstellung von der Lebewelt dieser Polargebiete zu machen. Anders auf Neuguinea: Zwar sichtete bereits 1512 der Portugiese Antonio d'Abreu seine Küste, und sein Landsmann Jorge de Meneses ging 1526 an Land, doch bildete sich in den folgenden zweihundert Jahren keine Vorstellung, wie das Land und seine Bewohner hinter dem Küstengebiet aussahen.

«Zu einer Zeit», so schreibt der Pioniermissionar Reverend Samuel McFarlane, der Neuguinea 1871 zum ersten Male besuchte, «in der so viele erlebt haben, was noch vor wenigen Jahren als die ‚grand tour' galt; da Krokodiljagd auf dem Nil, Löwenjagd in Nubien oder Tigerjagd in Indien durch Cooks Reisen arrangiert werden können, da das Heilige Land, Mekka oder Khiva für Touristen zugänglich sind, da jeder Berg in den Alpen bestiegen und sogar der Himalaja zur Kulisse für bergsteigerische Triumphe wird, da Büffeljagd in den Rocky Mountains fast ebenso gängig ist wie die Hühnerjagd auf unseren Mooren – in solcher Zeit bereist man mit einem Gefühl der Erleichterung ein Land, das wirklich neu ist, über das wenig bekannt ist, ein Land mit echten Kannibalen und Wilden, wo der Missionar und Forscher tatsächlich sein Leben noch in der Hand trägt.»

Und Neuguinea blieb weiterhin eine Barriere für den menschlichen Wissensdrang. Erst 1927/28 gelang es Charles Karius und Ivan Champion, die Insel in ihrer Mitte von Süd nach Nord zu durchqueren. Die weiten fruchtbaren Hochtäler des Innern, Zentren der papuanischen Besiedlung, betraten Weisse erst in den dreissiger Jahren, und sogar heute noch erreichen uns gelegentlich Nachrichten, dass australische Patrouillen in Ost-Neuguinea zu Dörfern vorgedrungen seien, die zwar von der Neuzeit schon gehört hatten, jedoch in ihren versteckten Seitentälern nahezu unberührt wie zur Steinzeit lebten.

Ursprüngliche Wildnis beherrscht die Landschaft, keine Tierart wurde durch die einheimischen Papuas auf ihrer naturverbundenen Kulturstufe in ihrem Dasein bedroht. Doch dieses Buch wäre nicht geschrieben worden, wenn diese Urwelt weiterhin sicheren Bestand hätte, wenn weder Landschaft noch Tierwelt, noch die Monumente der traditionellen Kultur gefährdet wären. Noch während in Filmberichten und Büchern die abenteuerlichen und urweltlichen Seiten Neuguineas ausgemalt werden, setzt eine Entwicklung ein, die erschreckend geradlinig und dynamisch vorangeht, mit den Mitteln modernster Technik: diese wirtschaftliche Entwicklung hat sich zum Ziel gesetzt, den Anschluss des rückständigen Landes an die zivilisierte Welt so rasch wie möglich zu verwirklichen. Das gegenwärtig noch australisch verwaltete Ost-Neuguinea steht an der Schwelle zur politischen Selbständigkeit. Die soeben abgeschlossenen Parlamentswahlen haben eine starke Mehrheit für die «Pangu Pati» erbracht, die auf baldige Loslösung von Australien drängt. Innerhalb der kommenden vier Jahre soll als erster Schritt die Autonomie gegeben werden. Doch um politisch unabhängig zu werden, muss ein Land wirtschaftlich stark sein. Folglich droht in Neuguinea der Raubbau an den natürlichen Reserven. Export-Import-Ziffern regieren.

Es wird unsere Aufgabe sein, die Pflicht der zivilisierten Länder der Welt, die wir für dieses System verantwortlich sind, nun auch die Verantwortung dafür zu übernehmen, dass der natürliche Reichtum Neuguineas nicht um kurzfristiger hoher Gewinne willen geopfert wird, dass, auf lange Sicht geplant, die Umwelt gesund erhalten und die natürliche Landschaft als wirtschaftliche Möglichkeit für Tourismus und für das nationale Ansehen erhalten bleiben, bis die Jahre des gegenwärtig sich ausbreitenden Raubbaus überwunden sein werden. Wir müssen *vorbeugend* handeln – die späte Erschliessung Neuguineas gibt uns die einzigartige Möglichkeit dazu, Fehler von vornherein zu vermeiden, wie sie in vergleichbaren Gebieten bereits zu Umweltschäden geführt haben, die wohl nie wiedergutgemacht werden können. Dazu gehört auch die enge Fühlung mit den neuen Papua-Politikern, noch bevor sie die Geschicke ihres jungen Staates selbst in die Hand nehmen.

Ich hatte 1971 die Gelegenheit, mich mit Herrn Albert Maori Kiki, dem Sekretär der führenden Pangu-Pati-Partei Neuguineas, einen halben Tag lang zu unterhalten, und fand grosses Verständnis und Interesse für die Vorschläge zum Erhalten von unberührter Natur in Neuguinea. Ein Besuch führender Papua-Politiker Neuguineas in Ostafrika scheint, auch dank unserer Mithilfe, bald verwirklicht zu werden.

Wir bemühen uns auch, das Nationalparksystem, das in diesem Buch behandelt wird, zumindest in einem Musterbeispiel zu verwirklichen. Wir haben diese Hilfe aus der Sammlung «Hilfe für die bedrohte Tierwelt» der «Zoologischen Gesellschaft von 1858» zugesagt, weil wir wissen, dass gerade jetzt die Lage zukunftentscheidend ist. In vielen Ländern Afrikas, besonders Ostafrikas, ist es uns noch im letzten Augenblick vor der Unabhängigkeit gelungen, einige einflussreiche schwarze Politiker vom Wert des Naturschutzes für ihr Land zu überzeugen. Entgegen allen trüben Voraussagen haben sie die Nationalparks, die Vollnaturschutzgebiete aus der Kolonialzeit nicht nur erhalten, sondern sie haben sie vergrössert und viele neue geschaffen. Ein Land wie Tansania in Ostafrika gibt heute bereits achtmal soviel für den Naturschutz aus wie die Vereinigten Staaten – verglichen mit dem Nationaleinkommen. In Sambia wurden 1971 fast 10% der Gesamtfläche des Staates zu Nationalparks erklärt. Auf diese Weise sind schwarze Nationen auf einem Gebiet menschlicher Kultur, das sicher in den kommenden Jahrzehnten immer bedeutender werden wird, bereits führend in der heutigen Menschheit. Als Nebenergebnis haben aber diese letzten Stücke unberührter Natur mit ihrer eindrucksvollen Tierwelt immer mehr bewundernde Besucher aus übervölkerten, von planloser industrieller Entwicklung bereits vergifteten Ländern angezogen. So ist heute der Tourismus und sind damit die Nationalparks und ihre Wildtiere in einigen Ländern Ostafrikas bereits zur Haupteinnahmequelle für Fremdwährungen geworden. Gerade in «unterentwickelten» jungen, armen Ländern hilft man der Menschenbevölkerung am wirksamsten, wenn man ihre Natur erhält und sie vor hemmungsloser, unüberlegter «Entwicklung» durch ungeplante Industrialisierung bewahrt.

Hoffentlich geht Neuguinea einem besseren Schicksal entgegen als so viele andere neue Staaten, die von Jahr zu Jahr mehr verarmen und den Lebensraum für ihre rasch anwachsende Menschenbevölkerung zerstören.

PROF. DR. DR. BERNHARD GRZIMEK

Einleitung

Die hochzivilisierten Länder der Erde werden sich bald bemühen müssen, aus den Trümmern ihres ursprünglichen Lebensraumes wieder eine lebensfähige Umwelt zu bauen. In Nationalparks hüten sie die verbliebenen Reste der Wildnis. Wie beneidenswert sind dagegen die unterentwickelten Länder: Sie sind noch reich an natürlicher Landschaft, und wenn weitschauende Planer jetzt darangehen, dort grossflächige Nationalparks und andere Schutzzonen anzulegen, dann müssen sie sich nicht mit dem begnügen, was von Industrie und anderem Fortschritt zufällig verschont geblieben ist.

Noch ist es nicht zu spät! Doch die Entwicklungsländer bemühen sich mit aller Kraft, sich dem Standard der hochzivilisierten Länder anzugleichen. Noch weniger als wir vermögen sie auf Grund ihrer früheren, dem biologischen Gleichgewicht angepassten Nutzung ihrer natürlichen Güter vorauszusehen, welch verhängnisvolle Schäden die neuen, hochtechnisierten Methoden der Landausbeutung bringen. Wie sollen sie über Erkenntnisse verfügen, die wir erst kürzlich zu sammeln begonnen haben, als bei uns die Alarmzeichen der Umweltgefährdung und Landschaftszerstörung anschlugen! Da wir die neuen Formen der Wirtschaft und Bodennutzung ins Land brachten, sind wir nun auch verantwortlich dafür, dass aus unseren Fehlern gelernt werden kann und Gefahren von vornherein vermieden werden, wie sie heute unseren engeren Lebensraum bedrohen.

Neuguinea ist eines der am spätesten erschlossenen Gebiete der Erde. Im australisch verwalteten Ostteil der Insel sucht eine gewaltige wirtschaftliche Entwicklung diesen Rückstand aufzuholen. Doch noch sind die erkennbaren Schäden an der Umwelt sehr begrenzt: Raubbau an den Wäldern mit anschliessender Bodenauswaschung, Umweltverseuchung durch Bergbau und Ausrottung grösserer Tierarten durch unkontrollierte Jagd haben nur einzelne Regionen der Rieseninsel erfasst. Noch bedecken Meilen um Meilen tropischen Urwalds drei Viertel des Landes. Noch ist keine der 32 Arten Paradiesvögel unmittelbar vom Aussterben bedroht. 600 Vogelarten beleben die grüne Wildnis. In den Korallenlagunen weiden Seekühe, und Meeresschildkröten graben ihre Gelege in den feuchtheissen Sand.

Im Hochgebirge leuchten Bergseen und alpine Blumenpracht; moosverhangene Nebelwälder stehen an erloschenen Vulkanen. – Klare Bergwässer, gewaltige Urwaldströme; zartfarbene Wasserfarne in den Buchten der Sumpfseen, Flüge von Seidenreihern, Kranichen, Spaltfussgänsen und Riesenstörchen; helleuchtende Eukalyptusstämme auf dem roten Boden der Savanne. In der Sonne des Pazifik dehnt sich der weisse Korallensand.

Die Papuas sind stolz auf diesen Reichtum ihrer Heimat – für ihr nationales Ansehen und als Kapital für die Wirtschaft von morgen: Neuguinea kann ein atemberaubendes Erlebnis für Millionen Touristen in der Zukunft sein. Die einheimischen Politiker denken an Kenia: dort hat der Tourismus in den Nationalparks den Kaffee-Export längst überflügelt und steht wirtschaftlich an erster Stelle. Diese Entwicklung ist erst zehn Jahre alt! Doch die Besucher sind müde geworden, nur Elefanten, Löwen und Nashörner zu sehen, nur nach Afrika zu reisen. Neue Ziele werden gesucht; das Beobachten tropischer Vögel wird zur Attraktion. Neuguinea hat den grössten Reichtum an bunten Vögeln auf der Erde.

Wie beneidenswert um ihren Besitz an ursprünglicher Natur sind die unterentwickelten Länder. Werden sie stark genug sein, einen Grossteil davon durch die gegenwärtige Phase des Raubbaus und der Verschwendung hinüberzuretten zum Nutzen einer Wirtschaft von morgen? Zum Nutzen einer langfristigen Zukunft? Werden die Industriestaaten klug genug sein, die grossräumigen Erholungslandschaften in diesen Ländern in ihrem Wert richtig einzuschätzen, werden wir verantwortungsbewusst genug sein, unsere gifterzeugenden Fabriken nicht dorthin zu verlagern, wo sie uns *zunächst* nicht mehr unmittelbar schaden? Nicht weiterhin die Entwicklungshilfe auf industriellen Aufschwung zu konzentrieren, da bei uns bereits eine gegenläufige Tendenz einsetzt? Entwicklungshilfe ist nie selbstlos, und so wird es auch die Erhaltung der Erholungsräume in Übersee nicht sein: Wir Bewohner der Grossstädte der hochzivilisierten Welt brauchen diese ursprünglichen Gebiete, und mehr noch werden kommende Generationen darauf angewiesen sein!

Die Nationalparks der Vereinigten Staaten wurden 1971 von 200 543 300 Menschen besucht (1970 von 172 004 600 Besuchern). Nach Neuguinea kamen im gleichen Zeitraum erst etwa 30 000 Touristen. Welch ungeheures wirtschaftliches Potential wartet hier auf seine Erschliessung!

Der vorliegende Band behandelt den australisch verwalteten, östlichen Teil Neuguineas, das Territory of Papua and New Guinea, das in naher Zukunft seine innere politische Selbständigkeit erhalten wird. West-Neuguinea steht heute unter indonesischer Obhut.

Gemeinsam mit dem World Wildlife Fund und der Frankfurter Zoologischen Gesellschaft von 1858 verbinden wir mit dem Erscheinen dieses Bandes einen Aufruf zum Handeln, zum sofortigen Handeln, bevor es zu spät ist – zu spät zur Erhaltung repräsentativer Ausschnitte der bedeutendsten Naturlandschaften Neuguineas, zur Erhaltung der prächtigsten Vögel, der altertümlichsten Säugetiere der Welt, die mit Sicherheit bei der gegenwärtigen wirtschaftlichen Entwicklung des Landes bereits in naher Zukunft in ihrer Existenz bedroht sein würden.

Ich verbinde damit aber auch den Aufruf zur Erhaltung der gefährdeten Monumente der traditionellen Papuakultur – unwiederbringlicher Kunstwerte – und den Aufruf zur Sicherung der Lebensansprüche kleiner altertümlicher Volksgruppen, die im Gefolge des Zusammenbruchs der alten Gesellschaftsordnung wehrlos von den stärkeren Nachbarn aus ihrer Welt, aus der Welt gedrängt zu werden drohen. Für mich sind die Erhaltung der natürlichen Güter und die Erhaltung der Monumente menschlicher Tradition untrennbar miteinander verbunden; beides sollte in Zukunft viel mehr als bisher als Einheit betrachtet werden.

Im Vordergrund des Bildteils steht die Dokumentation der Urwelt Neuguineas, der alten Kultur und des gegenwärtigen Aufbruchs in die uniformierende Weltzivilisation von heute. Viele der Bilder, obwohl erst vor kurzer Zeit aufgenommen, sind bereits Dokumente der Vergangenheit; Jahre überbrücken Jahrtausende der Entwicklung. Viel unersetzliches Kulturgut wurde verbrannt und zerschlagen, die alten Gesellschaftsordnungen liegen im Sterben, da sie unvereinbar sind mit unserer modernen Welt. Doch die Urwelt, die grandiose Wildnis Neuguineas, ist noch am Leben. Wieviel davon können wir erhalten?

Ich habe dieses Buch für meine papuanischen Freunde geschrieben, für die Leute am Golf von Papua; ich versuche, als einer der ihrigen zu denken, da sie mich in den Kreis ihrer Sippe aufnahmen.

NAMAIANI

Natur- und Kulturgeschichte Neuguineas

Geographie

Dicht vor der Küste Australiens, nur 150 km von dessen nördlichstem Vorsprung, der Kap-York-Halbinsel, entfernt, liegt Neuguinea als zweitgrösste Insel der Erde im Pazifik. Seine Länge von West nach Ost entspricht mit 2400 km ungefähr der Entfernung zwischen den Britischen Inseln und dem Schwarzen Meer, und die grösste Breite mit 700 km der Strecke von der Nordsee bis nach Oberitalien. Auf ihrer riesigen Fläche von 810000 km² hätten die Schweiz und die Bundesrepublik Deutschland zusammen zweieinhalbmal Platz. Dabei sind in dieser Berechnung die mehr als 600 kleineren Inseln, die zur geographischen Einheit Neuguinea gehören, nicht berücksichtigt. Neuguinea liegt gänzlich im Bereich der südlichen Tropen, d.h. zwischen dem Äquator und dem Wendekreis des Steinbocks.

Das Bildmaterial zu diesem Band stammt aus dem östlich des 141. Längengrades gelegenen Teil der Insel (im Buch «Ost-Neuguinea» genannt), der zusammen mit dem Bismarck-Archipel, den Inseln Buka und Bougainville aus der Salomonen-Kette, den Entrecasteaux-Inseln und dem Louisiade-Archipel als eine politische Einheit 475360 km² Fläche umfasst.

Noch vor zehn- bis zwanzigtausend Jahren, gegen Ende des Pleistozän, war Neuguinea über die heutige Torres-Strasse mit einer Landbrücke an Australien angeschlossen. Da die – vor allem auf der Nordhalbkugel – sehr starke Vereisung in dieser Periode eine Senkung des Meeresspiegels zur Folge hatte, war die Insel damals auch mit dem östlichen Teil Indonesiens durch Land verbunden, wahrscheinlich bis zur bekannten Wallace-Linie hin, die als tiefer Meeresgraben im Bereiche der Sunda-Inseln Eurasien von der Australischen Region trennt. Für die Besiedelung Neuguineas mit Tieren und dem Menschen aus dem Westen hat die Eiszeit des Pleistozän deshalb grösste Bedeutung.

Wie ein Rückgrat durchzieht ein mächtiges Zentralgebirge die Insel in ihrer Länge, mit Bergen bis zu 5000 m (Puntjak Djaja in West-Neuguinea 4998 m, nach anderer Lesart 5090 m; Mt. Wilhelm in Ost-Neuguinea 4690 m). Eingebettet zwischen die zentralen Bergzüge liegen weite Hochtäler. Entlang der Nordküste verlaufen niedrigere Bergzüge, die sich über die Huon-Halbinsel zum Inselbogen des Bismarck-Archipels fortsetzen. Zwischen diesen Küstengebirgen und der Zentralkordilliere breiten sich die Flussebenen des Sepik, Ramu und Markham aus. Entlang der

Nordküste und im Meeresgebiet nordöstlich davon werden vulkanische Aktivitäten beobachtet; insgesamt konnte man in Ost-Neuguinea bisher 38 aktive Vulkane und solfatarische Zonen registrieren. Im Süden des Zentralgebirges, an der breitesten Stelle der Insel, liegt weites Flachland, das vom mächtigen Fly River bis zu seiner über 50 km breiten Trichtermündung in einem windungsreichen Lauf von über 800 km Länge durchzogen wird.

Das Klima wird bestimmt durch den Nordwest-Monsun von Dezember bis März und den Südost-Passat von Mai bis Oktober. Die mittlere Regenhöhe wechselt regional sehr stark: generell fällt sehr viel Regen, im Jahresdurchschnitt 2,5 m und darüber auf mehr als die Hälfte Ost-Neuguineas. Entsprechend der örtlichen Lage zu den regenabfangenden Gebirgszügen ergeben sich extreme Werte, zum Beispiel 5,76 m für Kikori am Golf von Papua und 0,99 m für Port Moresby. Die Regenzeit fällt in den meisten Gegenden mit dem Nordwest-Monsun zusammen, doch liegt etwa am Golf von Papua das Maximum in der Zeit des Südost-Passats, weil sich die von ihm hergebrachten Wolken am Zentralgebirge stauen und deshalb über den Vorbergen und dem Land südlich davon abregnen. Die mittlere Jahrestemperatur im Tiefland liegt bei 27,2°C (Maximum im Mittel 32,0°C; Minimum im Mittel 21,5°C).

Vegetation

Entsprechend den regional unterschiedlichen Niederschlagsverhältnissen und der starken Höhenstufung ist das Bild der Vegetation sehr verschiedenartig. Drei Viertel der Fläche Ost-Neuguineas sind von Baumwuchs bedeckt. Im Tiefland und bis zu Höhenlagen von 1000 m mit einem Jahresmittel von über 1,5 m Regen gedeiht tropischer Regenwald mit seiner Artenfülle – mächtigen Stämmen mit Brettwurzelbildung, Lianen, Palmen und einer fünffachen horizontalen Schichtung: Bodenflora, Strauchvegetation und drei Schichten im Baumbereich. Dieser Waldtyp hat grosse Verwandtschaft mit der südostasiatischen Flora. Über 1000 m Höhe, bis etwa 3000 m hinauf, schliesst sich ein niedrigerer Waldtyp mit nur zweifacher Schichtung innerhalb des Baumbereichs an. In diesem Submontanwald treten die Gattungen *Castanopsis* und *Cryptocarya* sowie *Nothofagus* (Südbuche) dominierend

Vegetationszonen

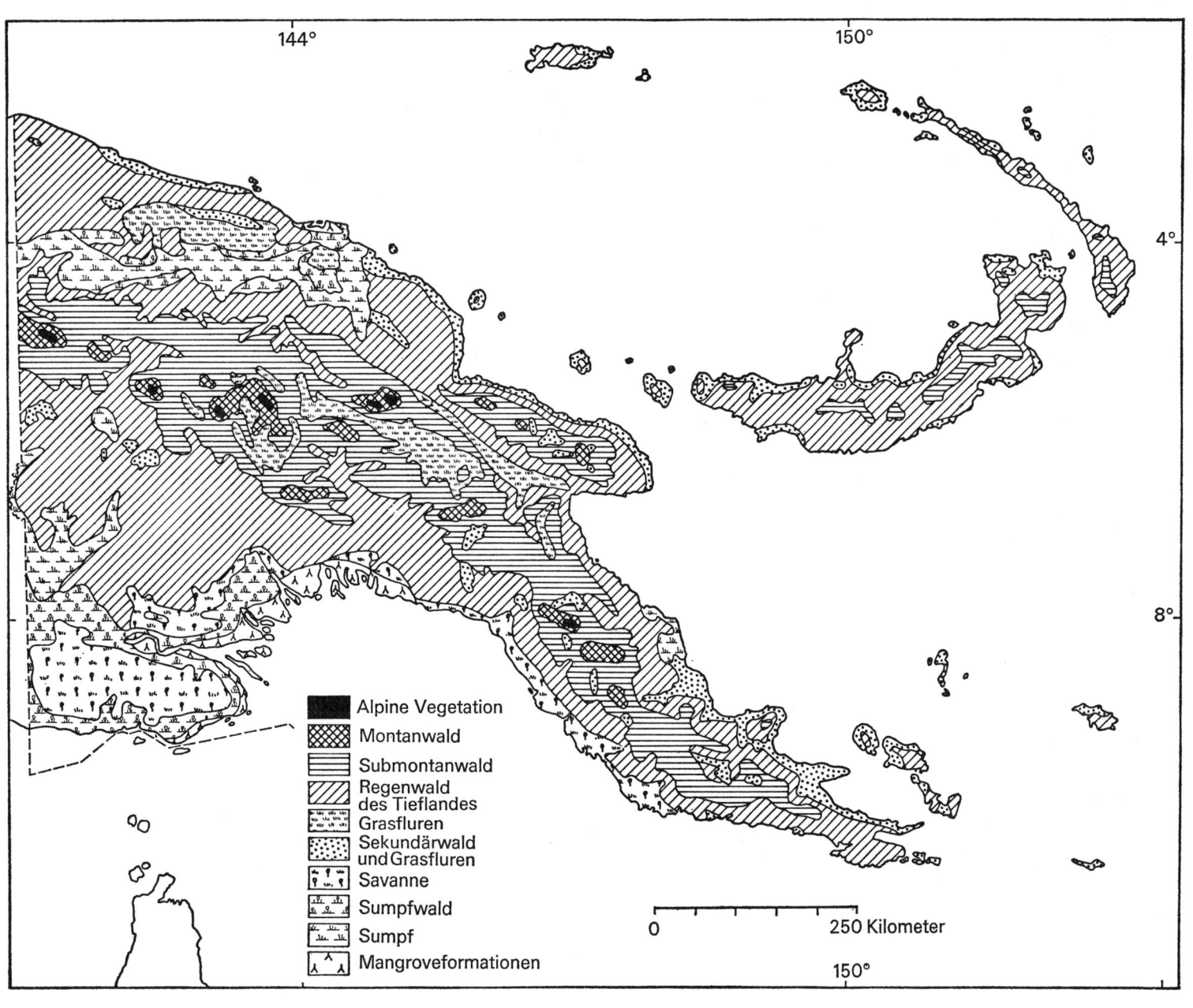

144° 150°

4°

8°

Alpine Vegetation
Montanwald
Submontanwald
Regenwald
des Tieflandes
Grasfluren
Sekundärwald
und Grasfluren
Savanne
Sumpfwald
Sumpf
Mangroveformationen

0 250 Kilometer

150°

hervor. Der eigentliche Montanwald, mit nur einfacher Schichtung im Baumbereich, steht im Zentralgebirge gewöhnlich erst oberhalb 3000 m. Er ist reich an Myrtengewächsen, Nadelhölzern und anderen Vertretern gemässigter Klimaregionen. Beide Montanwaldtypen sind durch sehr starken Moos- und Flechtenbewuchs an Ästen und Stämmen gekennzeichnet. Auch der Boden trägt eine hohe Moosschicht. Nebel und feiner Nieselregen verursachen diesen Bewuchs. Oberhalb 2800 m geht der Wald allmählich in einen subalpinen Typ mit reichen Nadelholzbeständen über, und bis zu etwa 3400 m findet man subalpine Gesträuchformationen. Die eigentliche alpine Zone mit Grasfluren, Polsterwuchs, alpinen Mooren, Palmfarnen *(Cycadeae)*, Beständen echter Farne, Flechten und Moosen schliesst sich oberhalb dieser mittleren Grenze an. Die Inseln der alpinen Fluren im Zentralgebirge haben Tundracharakter und sind reich an Gattungen, die auch in den eurasischen Gebirgen vorkommen. Ewigen Schnee tragen nur die höchsten Kuppen des Sudirman-Gebirges in West-Neuguinea.
Kehren wir zurück zum Tiefland, so treffen wir entsprechend den unterschiedlichen Niederschlagshöhen und Abflussverhältnissen neben dem tropischen Regenwald auch Savanne mit den australischen Gattungen *Eucalyptus* und *Melaleuca* an (Umgebung von Port Moresby; westlich des Fly River). Jedoch ist der trockene Lebensraum mit 10 % der Gesamtfläche die Ausnahme. Die von den Dränageverhältnissen abhängigen Sumpfformationen umfassen Mangroven mit den Gattungen *Rhizophora* und *Bruguiera* im Mündungsbereich der grossen Flüsse entlang der Flachküsten; es schliessen sich Sumpfwälder mit einem Saum von Nipapalmen entlang der brackigen Wasserläufe an, und noch weiter landeinwärts gedeihen artenreichere Gesellschaften mit ausgedehnten Beständen der Sagopalme *(Metroxylon)*. In den Alluvialebenen liegen weite Süsswassersümpfe mit *Phragmites* und wildem Zukkerrohr, Wasserfarnen und Seerosenflächen. – Sekundärer Baumwuchs und wohl ebenfalls grösstenteils durch Abbrennen und andere menschliche Einflüsse geschaffene Grasländer breiten sich sowohl im Tiefland, zum Beispiel am Sepikfluss, als auch in den weiten Tälern des zentralen Hochlandes aus, bis hoch hinauf an die Hänge der umrahmenden Bergzüge.

Tierwelt

Die Tierwelt schliesst sich eng an jene von Australien an, mit dem Hauptunterschied, dass dort wegen der trockeneren Lebensräume weniger Waldtiere zu finden sind. Man hat Neuguinea und die umliegenden Inseln zu einer eigenen Papuanischen Unterregion innerhalb der Australischen Region zusammengefasst. Beiden ist der altertümliche Charakter vieler Vertreter ihrer Bodenfauna zu eigen, der durch die frühe Abtrennung von den Landmassen Eurasiens und Südamerikas zu erklären ist.

SÄUGETIERE So leben in Neuguinea zwei Gattungen der primitivsten Säugetiergruppe, der *Monotremata,* nämlich der Grosse Ameisenigel *Zaglossus* und der kleinere Ameisenigel *Tachyglossus,* der auch in Australien beheimatet ist. Unter den vier Familien der Beuteltiere *(Marsupialia)* Neuguineas herrschen waldbewohnende Formen wie Kletterbeutler *(Phalangeridae),* Baum- und Waldkänguruhs (Gattungen *Dendrolagus, Dorcopsis* und *Dorcopsulus* der Familie *Macropodidae*) vor. Von den erdgeschichtlich jüngeren echten Säugetieren *(Mammalia)* haben nur die flugfähigen Fledermäuse *(Chiroptera)* mit den beiden Gruppen der vegetarischen Flughunde und der insektenfressenden Kleinfledermäuse sowie einige Nager ohne Hilfe des Menschen die Papuanische Unterregion erreicht. Die Nager gehören den beiden Unterfamilien Echte Mäuseartige *(Murinae)* mit so bemerkenswerten Vertretern wie der Riesenratte *Mallomys,* die 80 cm lang wird, und Sumpfratten *(Hydromyinae)* an. Einige Arten der *Hydromyinae* haben die biologische Rolle der in Neuguinea fehlenden Insektenfresser *(Insectivora)* übernommen, sind spitzmausähnlich im Habitus und unter Rückbildung von Backenzähnen zu vorwiegend oder ausschliesslich animalischer Ernährung übergegangen. Zu dieser Unterfamilie gehört auch das neben dem Biber am besten an das Leben im Wasser angepasste Nagetier, die Monckton-Schwimmratte *(Crossomys).*

VÖGEL Unvergleichlich reichhaltig ist die Vogelwelt Neuguineas, von der schon die ersten Reisenden vor dreihundert Jahren phantastische Berichte nach Europa heimbrachten. 1500 Arten und Unterarten bevölkern das papuanische Faunenge-

biet. Die insgesamt 40 Arten Paradiesvögel *(Paradisaeinae)* bewohnen neben Neuguinea auch die Molukken und andere Inseln der Region sowie Nordaustralien.
Nur wenige Vögel haben so sehr die Phantasie der Menschen früherer Jahrhunderte
angeregt wie sie. Schon im 16.Jahrhundert hatten spanische und portugiesische See-
fahrer einzelne ausgestopfte Exemplare aus dem Orient mitgebracht, wohin sie
durch Händler aus ihrer Heimat Neuguinea und den Aru-Inseln gelangt waren. Da
diese guterhaltenen Bälge keine Füsse hatten, glaubte man, die Tiere besässen gar
keine, sondern hielten sich ständig schwebend in der Luft auf, wo sie vom Tau des
Himmels lebten und das Weibchen auf dem Rücken des Männchens die Eier aus-
brütete. Erst 1824 gelang es dem französischen Schiffsapotheker René Lesson, die
ersten lebenden Paradiesvögel in ihrer Heimat zu entdecken. Am bekanntesten sind
die eigentlichen Paradiesvögel der Gattung *Paradisaea*, deren Männchen beiderseits
an den Flanken entspringende Büschel seidigzarter Schmuckfedern tragen. Daneben
leben in den papuanischen Urwäldern aber eine Reihe ganz andersartiger Paradiesvögel, wie zum Beispiel der leuchtend rot-weiss-smaragdgrüne Königsparadiesvogel
(Cicinnurus), der wie eine Balletteuse am Boden tanzende Strahlenparadiesvogel
(Parotia), die Arten der im Gefieder metallisch schillernden Paradieselstern mit langer Schwanzfahne *(Astrapia)* und der Wimpelträger *(Pteridophora)* mit je einem
hinter den Ohren entspringenden und nach hinten gerichteten Federschaft, an dem
wie emailliert wirkende kleine Federwimpel ansetzen. Die meisten Arten leben in
den submontanen Wäldern des Hochlandes, wo sie in mächtigen Baumkronen in
den ersten Strahlen der Morgensonne ihre Balzspiele vorführen.

Nahe verwandt mit den Paradiesvögeln ist die Gruppe der Laubenvögel *(Ptilono-
rhynchinae),* bei denen das Männchen nicht durch sein auffallendes Prachtgefieder
bei der Balz Weibchen anlockt, sondern eher unscheinbar gefärbt ist, dafür aber seinen Balzplatz, die sogenannte Laube, sorgfältig ausschmückt. Man unterscheidet
Alleebauer, bei denen das Männchen zwischen Wänden aus miteinander verfloch-
tenen Zweigstücken wirbt, Maibaumbauer, die um eine zentrale Säule herum einen
Balzplatz herrichten, und die eigentlichen Laubenbauer, deren kunstvolle, an Hütten erinnernde Gebilde, die ebenfalls um eine zentrale Säule gebaut werden, die
Entdecker in helles Erstaunen versetzen. Vor diesen Lauben legt der Vogel einen
richtigen «Garten» aus Moos an, den er mit allerhand farbigen Beeren, Schnecken-
häusern und anderen bunten Gegenständen, auch etwa Glasscherben, Patronenhül-

sen u. a. sorgfältig auslegt und ständig frei von herabfallendem Laub hält. Von mehreren der Alleebauer wurde sogar berichtet, dass sie die Wände des Balzplatzes innen mit Pflanzenfarben bemalen, indem sie Pflanzenteile im Schnabel zerquetschen und dann an den Zweigstücken abstreifen.

Neben diesen wohl bekanntesten Vogelgruppen kommen in der Wildnis Neuguineas weitere sehr auffällige Vogelfamilien vor, so die Tauben *(Columbidae)* mit ihrer grössten Art, der Krontaube *(Goura)*, und mehreren sehr prächtig gefärbten Fruchttauben *(Treroninae)*, die versteckt im Waldesinneren leben, ferner der Kragentaube *(Caloenas)* und den zierlichen am Boden in offenem Gelände laufenden Diamanttäubchen *(Geopelia)*. An Farbenpracht stehen einige Taubenarten den Paradiesvögeln nicht nach, ebensowenig den Papageien, die in reicher Artenfülle vertreten sind. Weisse Kakadus mit gelber Federhaube *(Cacatua)* treiben am Rande der vom Menschen geschaffenen Lichtungen und entlang der Bäume am Flussufer ihre auffälligen Spiele; weit verborgener dagegen lebt der mächtige, dunkel gefärbte Palmkakadu *(Probosciger aterrimus)*. Der auf Früchte spezialisierte Borstenkopfpapagei *(Psittrichas fulgidus)* hat in beiden Geschlechtern leuchtend rote Schwingen auf braunmeliertem Gefieder. Neben der Vielzahl bunter Pinselzünglerpapageien oder Loris *(Trichoglossinae)*, die gegen Abend in grossen Scharen laut schreiend und in schnellem Flug über die Flüsse ziehen, gibt es noch mehrere Formen, die besondere Beachtung verdienen, zum Beispiel den Edelpapagei *(Lorius roratus)*, bei dem das Männchen grün, das Weibchen aber grösstenteils rot gefärbt ist, oder die Zwergpapageien der Gattung *Micropsitta*, die nur 10 cm Länge erreichen und ihre Bruthöhlen in Baumtermitennestern anlegen.

Mit vielen Arten sind die Eisvögel *(Alcedinidae)* vertreten: mit dem prächtigen Seidenliest *(Tanysiptera)* und dem Rieseneisvogel *(Dacelo novae-guineae)*, aber auch mit Zwergen von der Grösse einer Meise, mit Formen, deren Oberschnabel hakenförmig nach oben gebogen ist (Gattung *Melidora*) oder deren Schnabel als breite Schaufel zum Graben nach Würmern ausgebildet wurde (Gattung *Clytoceyx*). – An den Blüten der Hibiskus- und Bougainvillea-Büsche in den Gärten hängen saugend die zierlichen Nektarvögel *(Nectariidae)*, oft verwechselt mit den Kolibris.

Der grösste Vogel der Region und zugleich das grösste Jagdwild der Papuas ist der Kasuar *(Casuarius)*, der als Einzelgänger in den Wäldern lebt. Weitere auffällige Vögel sind die Nashornvögel *(Aceros plicatus)*, deren schwerer Flügelschlag Geräusche wie eine fahrende Dampflokomotive erzeugt, sowie das Heer der Watvögel in den Sümpfen, darunter der Riesenstorch *(Xenorhynchus asiaticus)*, der Australische Kranich oder Brolga *(Grus rubicunda)*, leuchtendweisse Reiher *(Egretta)* in grossen Flügen, Spaltfussgänse *(Anseranas semipalmata)*, Ibis *(Plegadis, Trescornis)* und Löffler *(Platalea)*. Von den Tagraubvögeln ist der mächtige Harpyenadler *(Harpyopsis novae-guineae)* am bemerkenswertesten. Er ist eng mit dem fast ausgestorbenen Affenadler *(Pithecophaga)* der Philippinen verwandt.

REPTILIEN Unter den Reptilien Neuguineas spielen die beiden heimischen Krokodilarten die grösste Rolle im Leben der Papuas. Das Leistenkrokodil *(Crocodylus porosus)* besiedelt vor allem die Unterläufe und Deltaregionen der grossen Flüsse, kommt aber auch im Meer selbst vor und wurde andererseits gelegentlich weit im Landesinneren in raschströmenden Bergwässern gefunden. Mit Körperlängen bis zu 6 m ist diese sehr angriffslustige Art eine ständige Bedrohung für die menschliche Küstenbevölkerung gewesen. In der Sagenwelt der Eingeborenen und als Verkörperung übernatürlicher Kräfte hat sie eine sehr bedeutende Rolle gespielt. Heute allerdings ist der Bestand durch übermässige Bejagung überall sehr stark und stellenweise gänzlich zurückgegangen. Neben diesem «Salzwasserkrokodil», das auch auf anderen Inseln des indopazifischen Raumes verbreitet ist, lebt in den ausgedehnten Grassümpfen und Inlandflüssen noch eine weitere, kleinere Art, das in seiner Verbreitung auf Neuguinea beschränkte Neuguinea- oder «Süsswasserkrokodil» *(Crocodylus novae-guineae)*.

Die Landechsen sind durch Warane, Agamen, Skinke und kleinere Familien vertreten. Von den fünf Waranarten erreicht der auf Süd-Neuguinea beschränkte Papua-Waran *(Varanus salvadorii)* nach unseren Nachforschungen Körperlängen bis zu 4 m und vielleicht mehr. Damit übertrifft er an Länge, nicht aber an Gewicht den berühmten Komodo-Waran *(Varanus komodoensis)* Indonesiens. Der Papua-Waran hat nach unseren Untersuchungen im Gebiet des Papuagolfs auch Menschen – neben Buschschweinen und anderen Waldtieren – getötet. Seine Beute schleppt er zum Frass in den Wipfel eines der mächtigen Urwaldbäume. Am besten an das Baumleben ist der schöne Smaragdwaran *(Varanus prasinus)* angepasst. Bei ihm erfüllt ein langer Wickelschwanz die Funktion eines fünften Fusses.

Die Familie der Agamen *(Agamidae)*, die häufig mit den neuweltlichen Leguanen *(Iguanidae)* verwechselt wird, ist durch mehrere Gattungen vertreten, von denen die waldbewohnenden Winkelkopfagamen *(Gonocephalus)*, die in der trockenen Savanne Süd-Neuguineas lebende Kragenechse *(Clamydosaurus kingi)* und die am Rande der Süsswassersümpfe anzutreffende Wasseragame *(Physignatus temporalis)* am auffälligsten sind. Die nächtlichen Geckos *(Gekkonidae)* sind als nützliche Hausbewohner selbst in den Hotels der Städte zu finden; daneben leben sie im Wald unter Baumrinde, wie zum Beispiel der Fallschirmgecko, der beim Fall die Rippen abspreizt, um durch Abplatten der Rumpfseiten eine Art Bremswirkung zu erzielen. Landschildkröten fehlen auf Neuguinea. In den grossen Flüssen Süd-Neuguineas und des nordöstlichsten Australien kommt als lebendes Fossil die Papua-Weichschildkröte *(Carettochelys insculpta)* vor, als einzige rezente Art einer in erdgeschichtlich früherer Zeit auch in Europa verbreiteten Schildkrötenfamilie *(Carettochelydidae)*. Daneben leben in den Süssgewässern noch eine echte Weichschildkröte *(Pelochelys bibroni)* und mehrere Arten der Halswenderschildkröten (Gattung *Emydura)* und Langhalsschildkröten *(Chelodina novae-guineae)*.

Unter den Schlangenfamilien der Region spielen die Riesenschlangen *(Pythonidae)* und die Giftnattern *(Elapidae)* eine besondere Rolle im Leben der Papuas. Der Amethystpython *(Liasis amethystinus)* kann bis zu 6 m Länge erreichen, wird dem Menschen aber gewöhnlich nicht gefährlich, plündert nachts jedoch den Hühnerstall. Eine der häufigsten Schlangen Neuguineas, die aber wegen ihrer vortrefflichen Tarnfärbung nur sehr schwer im Blattwerk der Gebüschvegetation entdeckt werden kann, ist der etwa 1,5 m erreichende Smaragdpython *(Chondropython viridis)*, dessen Junge leuchtendgelb oder rötlich gefärbt sind. Sehr gefährlich für den Menschen sind einige Arten der stark vertretenen Giftnattern *(Elapidae)*, da sie ein hochwirksames Gift produzieren und wegen ihres Habitus schwer von ungiftigen Nattern zu unterscheiden sind. Bisse des Taipan *(Oxyuranus scutellatus canni)* oder der Papua-Schwarznatter *(Pseudechis papuanus)* sowie einiger anderer Arten sind für den Menschen meist tödlich, wenn nicht sofort Serum zur Injektion verfügbar ist. Allein die ebenfalls sehr gefährliche Todesotter *(Acanthophis antarcticus)* hat vipernähnliche Gestalt und kann somit leichter als Giftschlange erkannt werden.

AMPHIBIEN   Wie in Australien fehlen in der Papuanischen Unterregion Schwanzlurche und echte Kröten. Dafür gibt es eine reiche Fülle baum- und bodenbewohnender Laubfrösche *(Hylidae)*, Engmaulfrösche *(Microhylidae)* und echte Frösche *(Ranidae)*.

FISCHE   Die im Süsswasser vorkommenden Fische Neuguineas stammen grösstenteils von Formen ab, die in erdgeschichtlich junger Vergangenheit aus dem Meere dorthin eingewandert sind. Es gibt nur sehr wenige echte Süsswasservertreter, zum Beispiel die seltene Art *Sclerophages leichardti*. Alle sind recht unscheinbar und haben als Aquarienfische keine Bedeutung. Als Speisefische werden Welse, mehrere Schuppenfische geringerer Grösse und der stattliche Barramundi gefangen.

WIRBELLOSE   Unter den Wirbellosen seien trotz der ungeheuren Artenfülle besonders im Tiefland nur vier kennzeichnende Vertreter aufgeführt: einmal die prachtvollen Vogelschwingenfalter der Gattung *Ornithoptera,* sodann die Baumschnecken mit grünem Gehäuse der Gattung *Papustyla,* die allgegenwärtigen Termiten, die in der Savanne hohe Bauten errichten und als Holzfresser sehr grossen wirtschaftlichen Schaden an Gebäuden und anderen Holzkonstruktionen anrichten, und die als Blutsauger im Urwald sehr unangenehmen Landblutegel.

Neuguinea ist verhältnismässig frei von Tropenkrankheiten. Nur die von der Anophelesmücke übertragene Malaria war bis zu den jetzt intensiv betriebenen Ausrottungkampagnen mittels DDT und anderer hochgiftiger Pestizide eine sehr weit verbreitete und gefährliche Seuche. Filariasis (eine von Würmern hervorgerufene Krankheit), Paratyphus, infektiöse Gelbsucht, Lepra sowie Hakenwurmbefall und Hautpilzerkrankungen, neuerdings in verstärktem Masse Tuberkulose, Grippeepidemien und venerisches Granulom – eine Geschlechtskrankheit – sind neben den für Tropenländer allgemein häufigen Geschwürbildungen als Folge selbst kleiner Hautverletzungen in Neuguinea verbreitet. Den Grippeepidemien fallen jährlich Hunderte von Menschen in den entlegeneren Gebieten zum Opfer, da die Papuas dort teilweise zum erstenmal mit dieser Infektion konfrontiert werden und deshalb über keine Abwehrstoffe gegen die Viren im Blut verfügen.

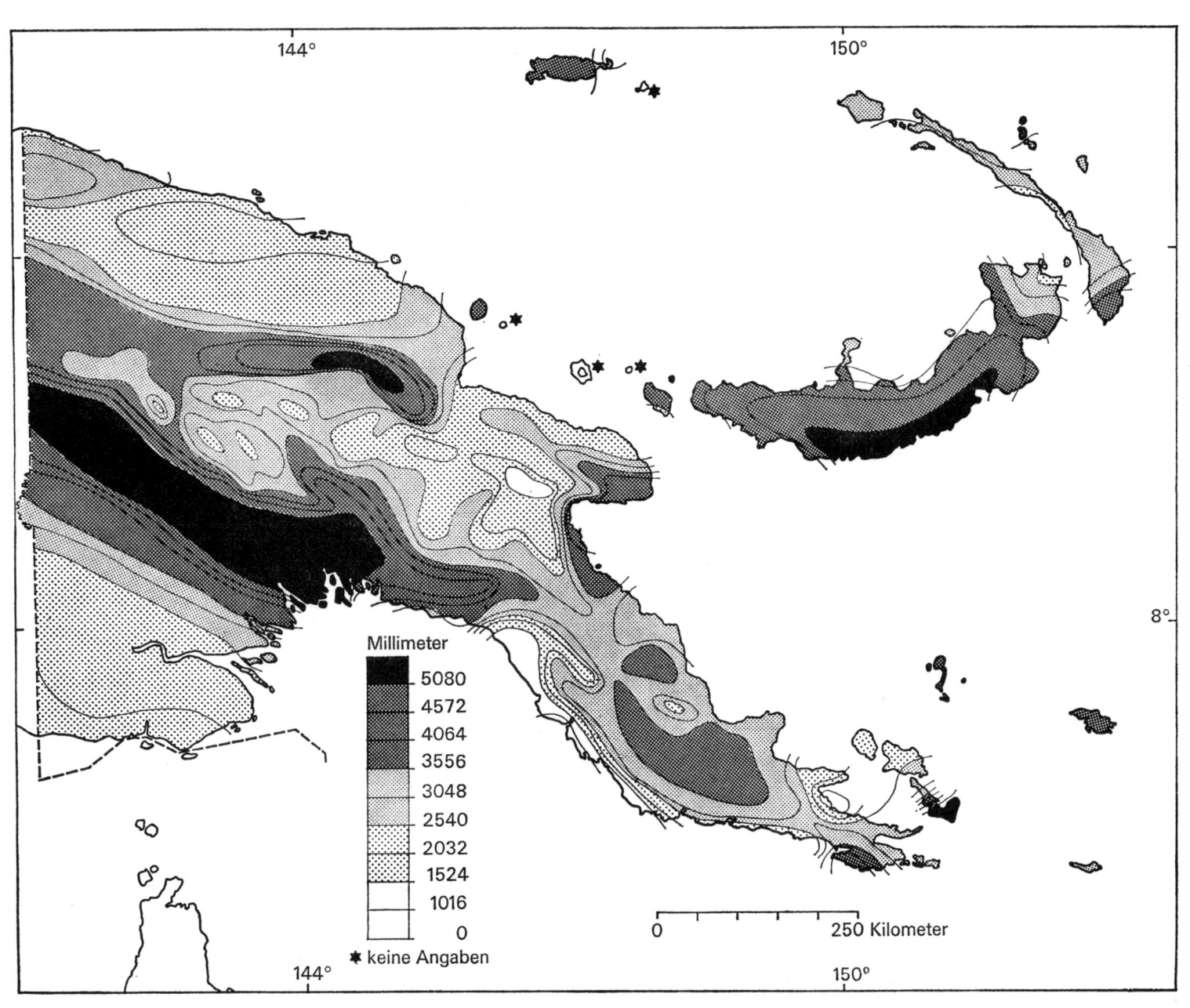

Jährliche Niederschlagsmengen

Millimeter

5080
4572
4064
3556
3048
2540
2032
1524
1016
0

★ keine Angaben

0   250 Kilometer

144°
150°
8°

Mensch und Geschichte

Die insgesamt etwa 3,5 Millionen Eingeborenen Neuguineas (davon in Ost-Neuguinea 2,4 Millionen, bis 1985 voraussichtlich über 4 Millionen) werden in zwei Hauptgruppen geschieden. Zur ersten Gruppe, den Papuas, rechnet man auch die in Rückzugsgebieten als kleine Inselgruppen lebenden «Negritos», die zu Zwergwuchs neigen, denn möglicherweise sind es nur früh isolierte und in ökologisch ungünstiges Gebiet abgedrängte Populationen der eigentlichen Papuas, denen sie – abgesehen von der Körpergrösse und anderen mit dem Zwergwuchs allgemein verbundenen Körpermerkmalen – in der Körpergestalt und kulturell weitgehend nahestehen. Die Papuas besiedeln den Hauptteil der Insel mit Ausnahme einzelner Küstenregionen und küstennaher Flusstäler. Diese Küstengebiete werden von «austronesischen» Gruppen eingenommen, welche sprachlich den Völkern der polynesischen und indonesischen Inselwelt nahestehen.

Ganz im Westen Neuguineas ist wegen der regen Handelsbeziehungen zu den indonesischen Inseln ein deutlicher Einschlag von dort erkennbar, stellenweise auch entlang der Nordküste. Die Papuas einschliesslich der kleinwüchsigen Populationen haben eine verwirrend vielfältige Sprachgruppierung zu eigen. Man kann etwa 500 verschiedene Papuasprachen unterscheiden. Gründe für diese Vielfalt, die den Sprachforscher vor wahrhaft paradiesische Zustände stellt, mögen einerseits in der Isolierung der einzelnen Volksgruppen liegen, die auf territoriale und natürliche Geländegrenzen zurückzuführen ist, andererseits ist aber auch nicht sicher festgestellt, ob die allein in Ost-Neuguinea gegenwärtig in etwa achtzehn Hauptgruppen eingeteilten Papuasprachen wirklich alle miteinander verwandt sind, also von einer gemeinsamen Wurzel ausgehen.

Für die Kulturstufe der Papuas ist generell der Gebrauch von Gerätschaften aus Pflanzenmaterial, Stein und Knochen kennzeichnend. Entsprechend den lokalen Eigenarten sind die einzelnen Gruppen entweder mehr Sammler und Jäger oder mehr Gartenbauer, jedoch niemals ausschliesslich. Zur Bestellung der Gärten dienen Grabstock, Steinaxt (zur Rodung grosser Bäume) und regional Spaten (zur Dränage der Gärten). Über das kultische Leben einer ausgewählten Papua-Gruppe wird im Kapitel «Die Erhaltung des kulturellen Erbes» mehr gesagt werden.

Auf Grund archäologischer Grabungen weiss man heute, dass Neuguinea seit mindestens 10000 Jahren vom Menschen besiedelt ist, wahrscheinlich aber noch viel länger, denn im benachbarten Australien reichen die Spuren menschlicher Besiedelung 25000 Jahre und sicherlich weiter zurück. In Ost-Neuguinea und dem angrenzenden Inselgebiet gemachte Bodenfunde von kunstvoll aus Stein gefertigten Mörsern und Stösseln, von steinernen Keulenköpfen und Figuren lassen sich mit noch keiner lebenden Kulturgruppe in Verbindung bringen; die Bearbeitung von Stein beschränkt sich heute im wesentlichen auf Steinbeile und einfache Keulenköpfe sowie Klingen und Schaber aus vulkanischem Glas. Man nimmt an, dass verschiedene Einwanderungswellen aus dem Bereich östlich von Neuguinea die Insel über Landbrücken zur Zeit der pleistozänen Vereisung und mit einfachen Fahrzeugen über die auch in dieser Periode offenen, jedoch schmalen Wasserbarrieren erreicht haben.

Der Lebensraum Neuguinea stellte die Einwanderer vor harte physische Gegebenheiten, insbesondere in dem bergigen, dichtbewaldeten Terrain zwischen Zentralgebirge und Südküste. In den weiten Tälern des Hochlandes liegt zwar fruchtbarer Boden, doch fallen die Temperaturen in den höchsten Wohnlagen gelegentlich unter 10° C. Trotzdem haben die Bergpapuas keine wärmehaltende Kleidung entwickelt, sondern schützen sich nur mit Umhängen aus Palmblättern gegen Regen. An der Küste trafen die Einwanderer auf morastige Deltaregionen mit hohen Niederschlägen und starker Malariaverseuchung. Grösseres jagdbares Wild fehlt – mit wenigen Ausnahmen – im ganzen Gebiet, und wegen des tropischen Klimas sind im Tiefland die Böden der Gartenrodungen nur für eine oder wenige zusammenhängende Pflanzperioden brauchbar. An Haustieren brachten gewisse Einwanderergruppen nur Hunde und Hausschweine mit. Dennoch haben es die Papuapopulationen verstanden, sich den lokalen Umweltbedingungen in bewundernswerter Weise anzupassen, so dass sie heute, fast ohne von benachbarten Gruppen abhängig zu sein, auch die unwirtlichen Regionen mit Ausnahme des Hochlandes über etwa 2600 m Höhe besiedeln. Dabei haben naturgemäss die stärksten Kulturgruppen die besten Lebensräume erobert, und die schwächeren, häufig kulturell älteren Gruppen wurden aufgerieben oder mussten sich in die ungünstigen Lebensräume zurückziehen, die vor allem im Vorbergland beiderseits des Zentralmassivs gelegen sind.

Die traditionelle Landnutzung bestand in den ökologisch ärmeren Gebieten ausschliesslich in der Errichtung kleiner Dorfschaften oder einzelner Hordenhäuser auf Waldlichtungen, der Anlage schmaler Fusspfade, die diese verbanden, sowie ständig örtlich wechselnder Pflanzgärten für Knollenfrüchte (Taro, Jams, Süsskartoffeln), Blattgemüse, Bananen, Zuckerrohr und wenige Gewürz- und Zierpflanzen. Dazu wurden die Waldbäume mit Axt und Brand gerodet, die Stecklinge gesetzt und ohne Düngung kultiviert. Im feuchtheissen Tropenklima verarmt der Boden so rasch, dass bald an anderer Stelle ein neuer Garten angelegt werden muss; der alte verschwindet schnell unter sekundärem Baumwuchs, kann aber nach einigen Jahren erneut genutzt werden. Wegen dieses seit Jahrhunderten angewandten Systems der wandernden Kultivierung ist der tropische Regenwald des Tief- und Hügellandes auch dort, wo man zunächst einen ursprünglichen Habitus annehmen möchte, stark mit Sekundärwald durchsetzt. Einzelne Gruppen des Mittellandes zwischen Küste und Gebirge leben gezwungenermassen halbnomadisch, da ihr Lebensraum nur sehr wenig ergiebig nutzbar ist. Die Wanderungen der Gruppen richten sich nach den Jahreszeiten des Monsuns und Passats. Neben ihren in Gärten gezogenen Nutzpflanzen verwerten sie anteilmässig stark die natürlich im Wald wachsenden Gemüsepflanzen, Knollen, Früchte und Pilze. Eine Sonderstellung im Wildbeutersystem nimmt die Nutzung der Sagopalme ein: Diese nahe der Küste in nicht zu brackigen Sümpfen sowie in nassen Senken des Hinterlandes wildwachsende Palme bildet die Hauptnahrung zum Beispiel der Volksgruppen am Golf von Papua und landeinwärts im Bosavi-Gebiet. Der Stamm reifer Palmen wird nach dem Fällen geöffnet, das stärkehaltige Innere grob zu Spänen zerkleinert und in Schwemmvorrichtungen aus Stengeln und Blättern des Baumes ausgeschlämmt. Der ähnlich wie Kartoffelmehl beschaffene Reinsago ist bis zu einem Jahr haltbar und wird zum Genuss in Bambusrohren oder in Blätter gehüllt über dem Feuer angeröstet.

Im Gegensatz zu diesen Methoden wenig ergiebiger Nutzung steht die Gartenkultivierung der Hochlandpapuas. Nach archäologischen Feldstudien wurde in den Hochtälern der fruchtbare Boden bereits zu einer Zeit intensiv genutzt, als die heute wichtigste Anbaupflanze, die aus Südamerika stammende Süsskartoffel, diese Region noch nicht erreicht hatte. Andere Knollenpflanzen wie Taro und Jams waren wohl damals die Hauptnutzpflanzen, die auf den von Dränagegräben umzogenen Beeten kultiviert wurden. Zur Zeit der europäischen Erstkontakte mit dem Hochland war die Süsskartoffel fast alleinige Anbaupflanze. Ein so häufiger Wechsel in den Kulturflächen, wie er in den Niederungen erforderlich ist, kann hier unterbleiben. Dadurch ergibt sich auch eine ganz andere Dichteverteilung der Bevölkerung. Gegenwärtig leben 40 % der Bewohner Ost-Neuguineas in den Hochtälern, insgesamt etwa eine Million Menschen.

Verglichen mit der Zusammensetzung unserer Nahrung, ergäbe sich für die Papuas ein bedeutender Mangel an Eiweiss, da Haustierhaltung und geringe Jagdbeute zuwenig Fleisch für den täglichen Bedarf abwerfen. Es scheint aber, als hätten sich die Bevölkerungsgruppen des Binnenlandes im Laufe der Jahrhunderte an diese etwas einseitige Ernährung gut angepasst, denn die Europäer trafen bei den ersten Kontakten gewöhnlich sehr kräftige und im Durchschnitt gesunde Menschen an. Im Küstenbereich liefern neben dem auch an den Inlandflüssen und Seen betriebenen Fischfang grosse Krabben, früher auch Seekühe und Meeresschildkröten zusätzliche Fleischnahrung.

Zwischen den menschlichen Populationen in den verschiedenartigen Lebensräumen der Insel hatte sich seit ihrer Einwanderung und Ausbreitung ein Gleichgewicht ausgebildet, das eine langfristige Nutzung, jedoch keine Ausbeutung der Naturgüter beinhaltete. Die Produktion war im wesentlichen auf den Bedarf der eigenen kleinen Sozialeinheit beschränkt. Erst durch das Erscheinen der Weissen und in seinem Gefolge durch die Revolution fast der gesamten überlieferten Kultur geriet dieses Gleichgewicht in Unordnung.

Zunächst vollzog sich dieser Wandel sehr langsam: Neuguinea gilt bis in unsere Tage als unerschlossenes, unwegsames und dem Zivilisationsmenschen feindliches Land. Noch bis in die sechziger Jahre unseres Jahrhunderts gab es Gebiete im Inneren, die noch von keinem Weissen betreten worden waren. Die Erstkontakte mit den Bergpapuas fallen in die dreissiger Jahre, und die eigentliche Erschliessung der Hochtäler setzte erst nach dem Zweiten Weltkrieg ein. Dabei begann die christliche Missionierung der Küstenstriche bereits in den achtziger Jahren des vorigen Jahrhunderts, und die erste weisse Ansiedlung auf Neuguinea – für immerhin zwei Jahre – entstand sogar schon 1793 an der westlichen Landspitze der Insel.

1848 machte Holland als Kolonialmacht über Niederländisch-Indien Ansprüche auf West-Neuguinea geltend. Nach Erlangung der Selbständigkeit Indonesiens im Jahre 1949 blieb Holland zunächst weiterhin Herr über Neuguinea westlich des 141. Längengrades, bis dann von 1963 an Indonesien auch über dieses nun Irian Barat genannte Gebiet schrittweise die volle administrative Verantwortlichkeit erhielt. Ost-Neuguinea war bis zum Ersten Weltkrieg unter zwei Kolonialmächte aufgeteilt: Über seiner nordöstlichen Hälfte, dem Kaiser-Wilhelms-Land mit dem Bismarck-Archipel, wehte seit 1884 die deutsche Flagge, und im selben Jahr wurde die südöstliche Hälfte zum britischen Protektorat ausgerufen. 1906 ging dieser Teil unter dem Namen Papua in australische Oberhoheit über. Australisches Militär besetzte 1914 Deutsch-Neuguinea, und nach dem Krieg wurde es Australien als das Mandatsgebiet Territory of New Guinea übertragen. Im Zweiten Weltkrieg besetzten japanische Truppen Teile Nordost-Neuguineas und der vorgelagerten Inseln. Amerikanische und australische Verbände führten verlustreiche Dschungel- und Luftkämpfe gegen die Invasoren bis zu deren Kapitulation im Jahre 1945. Kriegsschäden erlitten vor allem die Küstenorte im ehemals deutschen Neuguinea. Seit 1946 verwaltet eine zentrale, in Port Moresby in Papua ansässige australische Administration das Territory of Papua and New Guinea. 1964 wurden dort die ersten allgemeinen Wahlen in das House of Assembly abgehalten. Die zweiten Wahlen folgten 1968. Die Eingeborenen Neuguineas kannten früher keine staatliche Organisation; die grösste politische Einheit war eine Gruppe von Dörfern, die sich im Kriege gegenüber feindlichen Nachbargruppen gegenseitig beistanden. Die Regierung steht deshalb vor dem äusserst schwierigen Unterfangen, den vielen verschiedenartigen Volksgruppen ein Gefühl der Zusammengehörigkeit zu geben und sie zu einer Nation zusammenzuführen. Nach und nach werden ausgebildete Papuas und Austronesier auch in verantwortliche Verwaltungsstellen übernommen. In der Bezahlung eingeborener Arbeitskräfte besteht allerdings noch eine Benachteilung gegenüber den die gleiche Arbeit leistenden Weissen, die einen höheren Lohn beziehen. Kleinere Unruhen, welche gegen die Australier im Lande gerichtet sind, entzünden sich daran und an der Besitzfrage um Ländereien, die zum Teil schon zu deutscher Kolonialzeit an die Kolonialmacht übergegangen waren. Das wachsende politische Bewusstsein zeigt sich an der Gründung politischer Parteien, von denen die Pangu Pati unter der Führung von Michael Somare aus dem Sepikgebiet und Albert Maori Kiki aus dem Gebiet am Golf von Papua die meisten Anhänger zählt. Mit den dritten Wahlen 1971/72 wird die Erklärung der inneren politischen Selbständigkeit des rasch entstehenden Staates erwartet. Anschliessend wird Australien nur mehr für die territoriale Verteidigung und die Vertretung im Ausland zuständig sein. Wegen der unmittelbaren Nachbarschaft

Australiens zu Ost-Neuguinea wird die Regierung in Canberra versuchen, weiterhin eine möglichst starke Kontrolle über das Land auszuüben. Zumindest wird es bestrebt sein, seine starke Position als Wirtschaftspartner und Berater im Verwaltungsapparat beizubehalten.

Die wirtschaftliche Entwicklung Ost-Neuguineas setzte lokal schon vor dem Zweiten Weltkrieg ein. 1926 wurde im Edie Creek nahe Bulolo in Nordost-Neuguinea eine gute Lagerstätte alluvialen Goldes entdeckt, nachdem in den Jahren zuvor schon kleinere Lager in benachbarten Flüsschen von australischen Prospektoren aufgespürt worden waren. Diese Goldvorkommen sind inzwischen mittels tonnenschwerer Bagger- und Sortiermaschinen und kleinerer Waschanlagen grösstenteils abgebaut worden. Kleinere Goldvorkommen wurden auch anderswo auf Neuguinea und den Inseln östlich des Festlandes entdeckt. An der Nordküste und auf einigen der Inseln, vor allem im Bismarck-Archipel, entstanden zum Teil schon zur deutschen Kolonialzeit grosse Kopraplantagen. Doch die eigentliche Entwicklungswelle, die nun bereits zu den ersten ernsteren Schäden an der Umwelt geführt hat, ist noch keine zehn Jahre alt. Sehr umfangreiche Kupfervorkommen wurden auf Bougainville, einer der beiden zur politischen Einheit Ost-Neuguinea gehörenden Salomonen-Inseln, vor einigen Jahren entdeckt. Ihr Abbau hat bereits begonnen. Noch reicher dürften die Kupferlager im Bereich der Star Mountains im westlichen zentralen Hochland sein, einem Gebiet, das noch vor kurzem nahezu unerforscht war und nun in einem 300-Millionen-Dollar-Projekt für den Erzabbau erschlossen werden soll. Auf Grund der gegenwärtigen systematischen Suche nach weiteren Lagerstätten im gesamten Gebiet Ost- und in Teilen West-Neuguineas sind weitere Entdeckungen von wirtschaftlich grosser Bedeutung zu erwarten. Im Hinterland des Golfs von Papua wartet eine der grössten Erdgasreserven der Südhalbkugel auf die Zeit, da nach Ansiedelung von verarbeitenden Betrieben Energiequellen gebraucht werden. Wasserkraftwerke sind am Purari und an anderen Flüssen geplant. Trotz mehr als zwanzigjähriger Suche wurde Erdöl in Ost-Neuguinea noch nicht in abbauwürdigen Mengen gefunden. Da die geologischen Verhältnisse jedoch vielversprechend sind, wird die Suche unvermindert fortgeführt. Im westlichsten Neuguinea haben bei Sorong schon die Holländer Öl gefördert. Nickellagerstätten liegen in Ost-Papua.

Neben den entdeckten und noch zu erwartenden sehr reichen Mineralvorkommen stellt der tropische Regenwald gegenwärtig das grösste wirtschaftliche Potential dar.

Intensiver Einschlag begann erst in den Nachkriegsjahren, nachdem 1946 ein eigenes Department of Forests in Port Moresby geschaffen worden war, dessen Aufgabe die Klassifizierung und Erschliessung der Holzreserven ist. Gegenwärtig beuten grosse amerikanische, japanische und australische Firmen die leicht zugänglichen Wälder an der Nordküste und im Bismarck-Archipel aus. Hierbei kommen modernste Maschinen zum Einsatz, die nicht allein die hochwertigen Baumarten verwerten, sondern wahllos auch minderwertige Hölzer zu Spänen verarbeiten, aus denen dann in Übersee Spanplatten und Papier hergestellt werden. Der Wald wird somit als Ganzes verarbeitet. Nahe Bulolo entstand schon früher eine grosse Fabrik zur Sperrholzherstellung aus Koniferenhölzern. Kopra, Kakao, Kaffee, Kautschuk, Erdnüsse und Krokodilhäute sind andere wichtige Exportgüter. Der Rinderbestand in Papuabesitz soll von 5000 Stück (1967/68) auf über 31 000 (1972/73), der im Besitz Nichteinheimischer von 52 000 (1967/68) auf über 106 000 (1972/73) ansteigen. Die Küsten- und Binnenfischerei im Deltagebiet der grossen Flüsse Papuas und auf dem Lake Murray im westlichen Papua sowie der Langustenfang entlang der Südküste sind erst im Ausbau und haben gegenwärtig mehr örtliche Bedeutung.

Der Bau von Überlandstrassen unter schwierigsten Geländeverhältnissen und das rasche Wachstum der städtischen Zentren Port Moresby, Lae, Rabaul, Wewak, Madang, Goroka, Daru und Mt. Hagen gehen mit dieser Erschliessung Ost-Neuguineas einher. In Neuguinea nimmt die Landflucht stetig zu; in der Hauptstadt Port Moresby lebten zur Zeit der Volkszählung 1966 31 983 Einheimische und 9865 Nichteinheimische. Bis 1972 haben sich diese Zahlen auf 50 988 Einheimische und 15 256 Nichteinheimische erhöht.

Die offizielle Sprache in Ost-Neuguinea ist Englisch. Daneben haben Pidgin-Englisch und «Police Motu» als Verkehrssprachen überregionale Verbreitung. Die Erziehung liegt in den Händen der Regierung und der christlichen Missionen, von denen allein in Ost-Neuguinea 48 Gesellschaften tätig sind (Statistik von 1966). An bedeutenderen kulturellen Einrichtungen bestehen hier die University of Papua and New Guinea (seit 1965 in Port Moresby), die New Guinea Research Unit der Australian National University Canberra, das Public Museum, die New Guinea Society, die Papua and New Guinea Scientific Society und andere kulturell tätige Vereinigungen. Eine Universität entstand auch im indonesischen West-Neuguinea, in der Hauptstadt Djajapura.

Bevölkerungsdichte

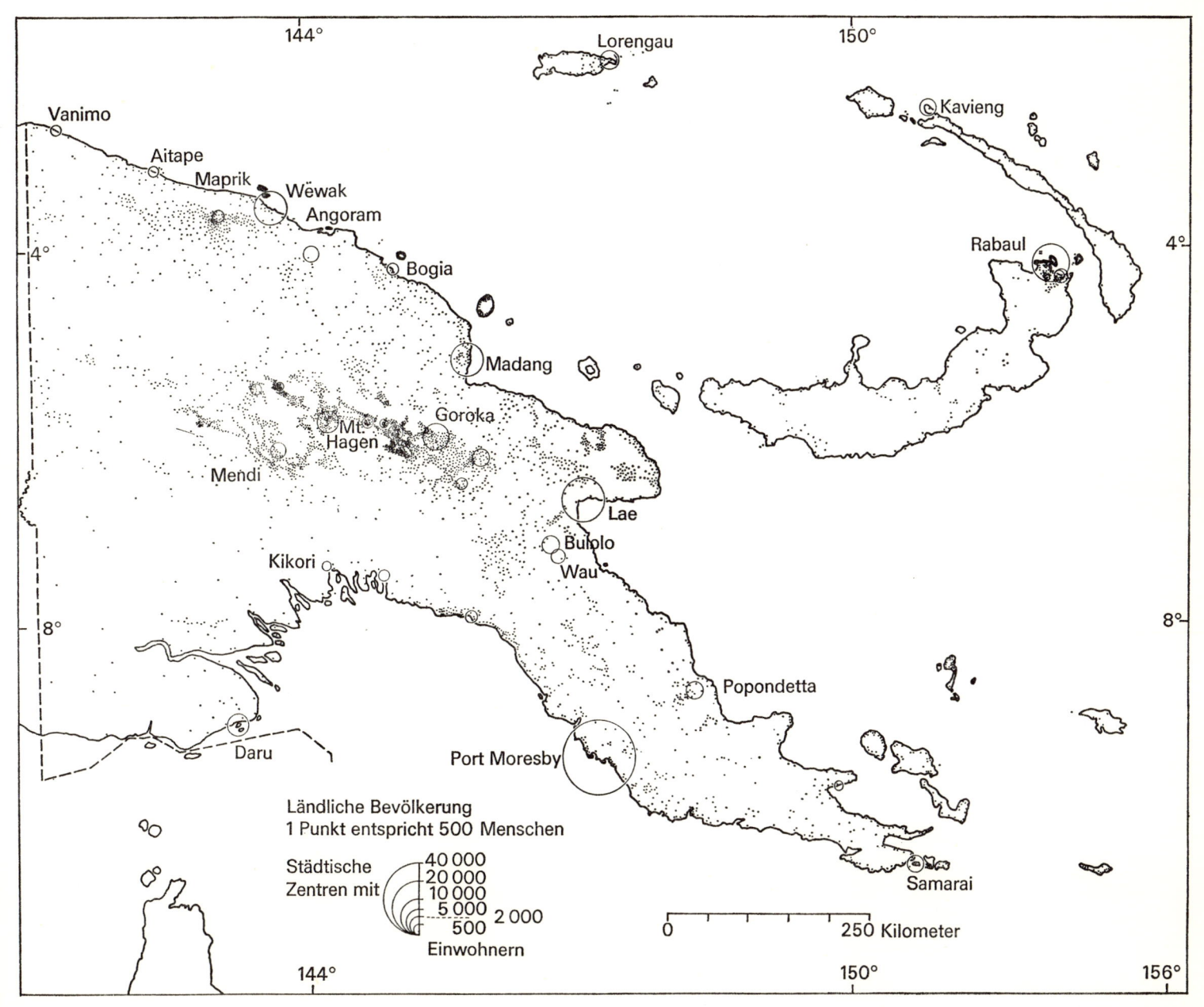

Ländliche Bevölkerung
1 Punkt entspricht 500 Menschen

Städtische Zentren mit
40 000
20 000
10 000
5 000
500 2 000
Einwohnern

0   250 Kilometer

8 Kleiner Paradiesvogel *(Paradisaea minor)*
9 Kuskus *(Phalanger maculatus)*
10 Jägerliest aus der Familie der Eisvögel *(Dacelo gaudichaud)*
11 Nashornvogel *(Aceros plicatus)*
12 Golden gefärbte Puppe einer Spanner- oder Spinnerart
13 Tagfalter *(Cethosia chrysippe praestabilis)*
14 Frauenlori *(Domicella lory)* in einem Dorf
15 Harpyenadler *(Harpyopsis novae-guineae)*
16 Waldboden in etwa 1500 m Meereshöhe mit Schwämmen
   (Microporus cf. *Xanthopus*; früher *Polystictus sanguineus* genannt)
17 Fruchtstand einer *Medinilla spec.* aus der Gruppe der Myrtengewächse
18 Bindengecko *(Gekko vittatus)*

9

12

13

15

16

17

Umweltschutz in Ost-Neuguinea

Wildnis im Umbruch

Je mehr die ursprünglichen Wildlandschaften auf der Erde schwinden, um so konzentrierter kann die Erschliessung ihrer Reste zu wirtschaftlicher Nutzung betrieben werden. Dazu stehen Jahr für Jahr bessere technische Hilfsmittel zur Verfügung. In Neuguinea verzögerten das tropische Klima und die sehr schwierigen Geländeverhältnisse diese Nutzbarmachung der natürlichen Güter. Der Reichtum an Wald, Wasser und Tierleben schien unerschöpflich und in der Weite der Wildnis geborgen. Die australischen Regierungsstellen hielten es deshalb lange Zeit für unbegründet, vorbeugende Schutzmassnahmen einzuleiten. Dabei wiesen schon früh Stimmen im Ausland mahnend auf vergleichbare Gebiete hin, die bereits viel weiter erschlossen waren, zum Beispiel auf Madagaskar und die grossen indomalaiischen Inseln; die dort durch Raubbau an Wald und Boden entstandenen Schäden sollten in Neuguinea von vornherein vermieden werden. Heute wissen wir alle, wie begründet diese Mahnungen waren: Die natürliche Geborgenheit ist bereits zerrissen, auch entlegene Gebirgstäler werden auf ihren wirtschaftlichen Nutzwert untersucht; die Zeit ist nicht mehr fern, da Maschinen entwickelt sein werden, die den Urwald auch an den Steilhängen des Zentralgebirges verwerten können. So darf weder die gegenwärtige australische Administration noch eine neue, selbständige Regierung an planerischen Massnahmen, an einem umfassenden Schutzprogramm für Neuguinea vorbeigehen – für einen Lebensraum, in dem sich die eingeborene Bevölkerung vervielfältigt und dynamisch ausbreitet. Umweltschutz ist lebensnotwendig geworden. Zwei Beispiele mögen diese Notwendigkeit demonstrieren:

Kupfererz wird gewöhnlich im Abbaugebiet weiterbearbeitet. Es wird fein zerkleinert und in Aufbereitungsanlagen entweder elektrolytisch unter Beigabe von Schwefelsäure oder anderen Elektrolyten konzentriert oder mit einem Luft-Wasser-Gemisch plus einigen Chemikalien (Kreosot, organischen Lösungen) versetzt, um das Erz von wertlosem Gestein zu trennen. Bei beiden Verfahren fallen enorme Mengen von Abwässern an, die stark durch Schlämmaterial und teils sehr giftige Chemikalien verunreinigt sind. Gelangen diese in die natürlichen Gewässer, so bedeuten sie eine akute Gesundheitsgefahr für die menschlichen Anwohner, Vernichtung von Wassertieren, insbesondere des Fischbestandes, Verschlammung der Wasserläufe und eine einschneidende Verunstaltung des gesamten Landschaftsbildes. Im Bereich der Kupferminen auf Bougainville sind einige dieser Schäden an der Umwelt bereits aufgetreten, noch bevor der eigentliche Abbau des Erzes begonnen hat. Die Reaktion der Bergwerksgesellschaft soll angeblich nur in der Zahlung von Entschädigungen an die betroffenen eingeborenen Fischer bestanden haben. Verheerender wären die Folgen der Wasserverseuchung durch das gerade in der Entwicklung stehende, viel grössere Kupferprojekt in den Star Mountains in Zentral-Neuguinea: Hier würden die Abwässer in den grössten Strom des südlichen Neuguinea, den Fly River, direkt oder über einen seiner Nebenflüsse gelangen. Der Fly River aber ist die Lebensachse des westlichen Papua, er steht in Verbindung mit dem wichtigsten Binnenfischereigebiet, dem Lake Murray und anderen sehr ausgedehnten Sumpfseen im alluvialen Flachland. Der Kupferabbau in den Star Mountains wird für Jahrzehnte hohe Erträge abwerfen; dafür dürfen aber nicht Umweltschäden hingenommen werden, die die Lebensbedingungen menschlicher Bevölkerungsgruppen weit über den Zeitraum von Jahrzehnten hinaus, vielleicht für immer, stark beeinträchtigen. Es wird Aufgabe der Regierung sein, schnellstens Vorschriften zu erlassen, nach denen die Aufbereitungsanlagen so angelegt werden, dass sie möglichst geringe Umweltveränderungen verursachen, zum Beispiel dadurch, dass die Abwässer zunächst in einem abflusslosen Areal gesammelt, gereinigt und erst dann den natürlichen Fliessgewässern zugeleitet werden. Dazu bedarf es des Rats von Experten. Entschieden falsch ist die gegenwärtige Politik, Schäden durch Entschädigung der unmittelbar Betroffenen auszugleichen; damit ist weder die Ursache eingedämmt noch der Schaden selbst wirklich behoben. Der Raubbau am Wald sei das zweite Beispiel. Neuguinea ist gegenwärtig noch unendlich reich an tropischen Wäldern. Ihre weise Nutzung wird über das Schicksal der Nation in noch ferner Zukunft mitentscheiden. Aber am Scheideweg stehen wir schon heute: Entweder es überwiegt weiterhin der Raubbau, man erntet, ohne wieder angemessen zu säen. Das Ergebnis wäre rascher Gewinn mit minimalen Investitionen auf der einen Seite und künftige Verödung der ehemals bewaldeten Ländereien, ein Ausverkauf von an und für sich regenerationsfähigen Naturgütern auf der anderen Seite. Die Folgen der Kahlschläge auf Madagaskar und anderswo seien als eindringliches Beispiel genannt. Oder aber es wird auf lange Sicht geplant, die Holzreserven werden nur so weit genutzt, wie es das ökologische Gleichgewicht verträgt, und die Schlagflächen neu aufgeforstet. Der Reinertrag wäre dabei zunächst geringer, doch läge der Gewinn auf lange Sicht ungleich höher. Es bedarf starker, weitschauender

Politiker und Forstbeamter, um die zunächst etwas unpopuläre Mässigung und Planung in der Vergabe von Einschlagslizenzen durchzusetzen. Allerdings zielt die gegenwärtige Politik fast ausschliesslich auf eine möglichst intensive Erschliessung der Holzreserven ab. In der Praxis sieht das so aus: Nach den entsprechenden Vorarbeiten schreibt das Department of Forests bestimmte Lizenzflächen aus, und die Lizenznehmer, meist grosse amerikanische, japanische und australische Firmen, beuten dann aus. Naturgemäss geht es diesen ausländischen Firmen dabei allein um eine maximale Auswertung mit möglichst geringen Investitionen. Es muss deshalb Aufgabe der für die Zukunft des Landes verantwortlichen Regierung sein, durch entsprechende Auflagen eine spätere Verödung des Landes zu verhindern. Drei Viertel Neuguineas sind davon betroffen, und die bereits 1963 zur Nutzung zugänglichen Waldflächen umfassten 4 Milliarden Quadratmeter. Weitere 152 Milliarden Quadratmeter können gegenwärtig zusätzlich erschlossen werden, vor allem in Neu-Britannien, an der Nordküste und im östlichen Hochland. Im Zeitraum von 1968 bis 1973 soll die Holzgewinnung verdoppelt und der Holzexport verdreifacht werden. Die australische Administration des Territory of Papua and New Guinea und ebenso die erste selbständige Regierung müssen rasche Erfolge ihrer Wirtschaftspolitik vorweisen. Das gilt für die Australier, die gegenüber den Steuerzahlern im Mutterland die jährlichen Investitionen in Ost-Neuguinea in Höhe von über 90 Millionen Dollar verantworten müssen, ebenso wie ihre Wirtschaftspolitik in Nordost-Neuguinea gegenüber der UNO. Das gilt aber auch für die junge Nation, die nicht in allzu grosse wirtschaftliche Abhängigkeit von anderen Staaten geraten darf. Darin liegt die grosse Gefahr, dass der infolge Raubbaus an den Naturgütern zunächst reichere Gewinn höher gestellt wird als eine langfristige wirtschaftliche Zukunft des Landes. Eine internationale Verflechtung der Programmierung und Durchführung einer Umweltkontrolle, die alle Bereiche umfasst, müsste dem entgegenwirken.

Traditionelle Umweltbeziehung

Die eingeborene Bevölkerung Neuguineas – auf ihrer niederen Kulturstufe – besass sehr enge Bindungen zu ihrer natürlichen Umwelt, die ihnen den Lebensunterhalt brachte. Teilweise blieb diese Beziehung bis heute erhalten, doch in der Regel ging sie mit der Übernahme der neuen, von aussen gebrachten Methoden der Umweltnutzung und dem Kulturwandel im allgemeinen verloren.

Die Schonung des biologischen Gleichgewichts, die bei den traditionellen Methoden der Landnutzung und Jagd gewährleistet ist, rührt nicht allein daher, dass diese zuwenig effektiv waren, um Schäden anzurichten. Vielmehr finden wir in den ursprünglichen Gesellschaften auf jahrhundertelange Erfahrungen aufgebaute Verhaltensweisen zu gezielter Schonung von Nahrungsreserven und das Gefühl für die Bedeutung der Erhaltung des biologischen Gleichgewichts als Lebensgrundlage für spätere Generationen. Allerdings ging auch diese Kenntnis mit dem sozialen und kulturellen Wandel grösstenteils verloren. Und gegenüber den neueingeführten Methoden der Landnutzung kann der Papua naturgemäss keine selbsterworbene Erfahrung besitzen, wie diese Methoden die Lebensbedingungen zu verändern vermögen. Hier müssen wir, die wir die neuen Techniken und Wirtschaftssysteme ins Land gebracht haben, durch Erziehung und Vorbild tätig sein. Hier drei Beispiele für traditionelle Umweltbewirtschaftung:

Die Küstenleute des Dorfes Hanuabada und benachbarter Siedlungen in der Nähe von Port Moresby sammelten seit alten Zeiten die Eier von Seevögeln auf vorgelagerten Inseln. Aber sie entnahmen den Nestern nur etwa 80 % der Eier und sicherten so den Fortbestand der Population. Erst als kürzlich aus verschiedenen Gegenden Neuguineas viele Zuwanderer nach Port Moresby und in seine Region kamen, wurden alle Eier gesammelt, und die Vögel sind seither verschwunden.

Ein Beamter der australischen Administration hatte grosse Schwierigkeiten, als er in einem Küstendorf die Handhabung und Reparatur grosser Fischnetze demonstrieren wollte. Der Dorfvorstand ging daran, ihn zu verjagen, da er befürchtete, dass die gegenüber den altherkömmlichen kleinen Handnetzen und Reusen viel effektiveren grossen Netze dem Fischbestand schaden würden.

Die Schmuckfedern mehrerer Paradiesvogelarten spielten in den traditionellen Kulturen, besonders des zentralen Hochlandes, eine bedeutende Rolle als Tanzschmuck, Tauschware und Objekte des Prestiges. So bestand grosse Nachfrage in Bälgen, und die Jagd auf die Männchen, die das Schmuckgefieder bei der Balz zur Schau tragen, hätte leicht zum Verschwinden der am meisten begehrten Arten führen können. Offenbar waren aber Bestand und Nachfrage aufeinander abgestimmt, denn vor dem Kulturwandel balzten die Männchen von Raggis Rotem Paradiesvogel *(Paradisaea apoda raggiana)*, der sehr begehrt war, häufig selbst am Rande von Dörfern der dichtbesiedelten Gebirgstäler. Jeder Balzbaum war im Besitz einer Papuagruppe, und geschossen wurden – mit Pfeil und Bogen, meist aus einem Baumversteck heraus – nur alte Männchen, die sozusagen reif zur Ernte waren. Es wurde darauf geachtet, dass noch genügend Männchen für die Fortpflanzung zur Verfügung standen, um den Bestand zu erhalten. Erst die Auflösung der alten Gesellschaftsstruktur, Einführung von Schrotflinten, grössere Nachfrage nach Schmuckfedern, verbunden mit der fortschreitenden Zerstörung des Waldes im Hochland, führten zu rapidem Sinken des Paradiesvogelbestandes (s. Abschnitt «Artenschutz»).

Naturgemäss beschränkte sich diese traditionelle Schonung des biologischen Gleichgewichts nur auf die Bereiche, die von praktischer Bedeutung für den Menschen waren. Zu Beschränkungen in der Veränderung der Umwelt kam es also nur dort, wo Reaktionen der Natur auftraten, die sich als Beeinträchtigungen der Lebensgrundlage auswirkten. So werden auch heute noch jährlich in den trockenen Monaten die Baumsavanne Papuas und die übrigen trockenen Lebensräume von den Bewohnern abgebrannt, teils um Wild zu jagen oder zur Buschrodung, teils aber auch ohne erkennbaren Grund. So kam es sicherlich zu einer Verarmung der Pflanzengesellschaften dieser Lebensbereiche, auch mag die eine oder andere Tierart den ständig wiederkehrenden Bränden nicht standgehalten haben. Doch spielte dies in der Ökonomie der Eingeborenen keine Rolle, und so scheint sich keine Selbstbeschränkung entwickelt zu haben. Im zentralen Hochland mit seiner dichten menschlichen Besiedelung verdrängten von Menschen gelegte Bränd schon vor dem Eintreffen der Weissen den Wald aus den Tälern, und man vermutet, dass die weiten Grasländereien durch menschliche Einwirkung entstanden sind.

Kulturwandel und Verhältnis zur Umwelt

Die Abkehr von der Tradition und der damit verbundene unvermittelte Wandel der wirtschaftlichen Struktur haben ein Verhältnis zur Umwelt geschaffen, in dem die Kontrolle des Gleichgewichts zwischen Nutzung und Regeneration verlorenging. Anstelle des alten Systems der Deckung des Eigenbedarfs, das sich nach diesem Gleichgewicht ausrichtete, tritt nun das Produzieren von Verkaufsgütern zum

Zwecke des Gelderwerbs: Je mehr produziert wird, um so höher liegt das Einkommen und somit auch der Lebensstandard. Holzeinschlag, Feldwirtschaft, Jagd auf Wildbret (Känguruhs, Kasuar), Krokodile und Paradiesvögel sowie Fischfang werden darauf abgestellt. Die Lebensansprüche steigen ständig, folglich auch die Lebenskosten. Zu dem Bedarf für das tägliche Leben treten Ansprüche auf Luxusartikel, die von tüchtigen Händlern selbst tief in die Wildnis getragen werden. Statussymbole orientieren sich nun am Geldwert; vor kurzem mag es noch das Gewehr gewesen sein, heute ist es schon der Aussenbordmotor oder sogar das eigene Motorfahrzeug. Zum Geldverdienen verlassen die Männer ihre angestammten Wohnreviere und arbeiten in den Städten und auf Plantagen. Durch die Ortsveränderung wird der Kontakt zur Umwelt geschwächt, die Kenntnis vom biologischen Geschehen in Wald und Gewässern geht mehr und mehr verloren.

Dazu treten die üblichen Begleiterscheinungen zunehmender Technisierung in Entwicklungsländern: verbesserte Jagdwaffen und Fischereigeräte, grossflächige Rodungen, die teils wegen der Holzgewinnung, teils zur Anlage von Anbauflächen geschaffen werden, Einfuhr neuer Pflanzen- und Tierarten, Intensivierung der Erträge durch Anwendung von Pestiziden, ebenso Sprayaktionen zur Bekämpfung von Krankheitsüberträgern, zum Beispiel der Anophelesmücken. Charakteristisch für dieses Stadium ist auch das Überwiegen ausländischer Investitionen, mit der Folge, dass die Produktion ohne Rücksicht auf langfristige Störungen der ökologischen Systeme auf maximale Erträge innerhalb kürzester Zeit ausgerichtet ist.

---

19 Mädchen der Roro-Melanesier auf Yule Island
20 Arbeiter in einem Sägewerk
21 Entladen eines Küstenfrachters
22 Dorfschule der United Church
23 Laboratorium im Yagaum Hospital der Lutherischen Mission
24 Entbindungsstation des Yagaum Hospital
25 Catilina-Flugboot auf dem Kikori River
26 Deltalandschaft am Golf von Papua
27 Entwaldete Bergzüge des zentralen Hochlandes nahe Menyamya

23

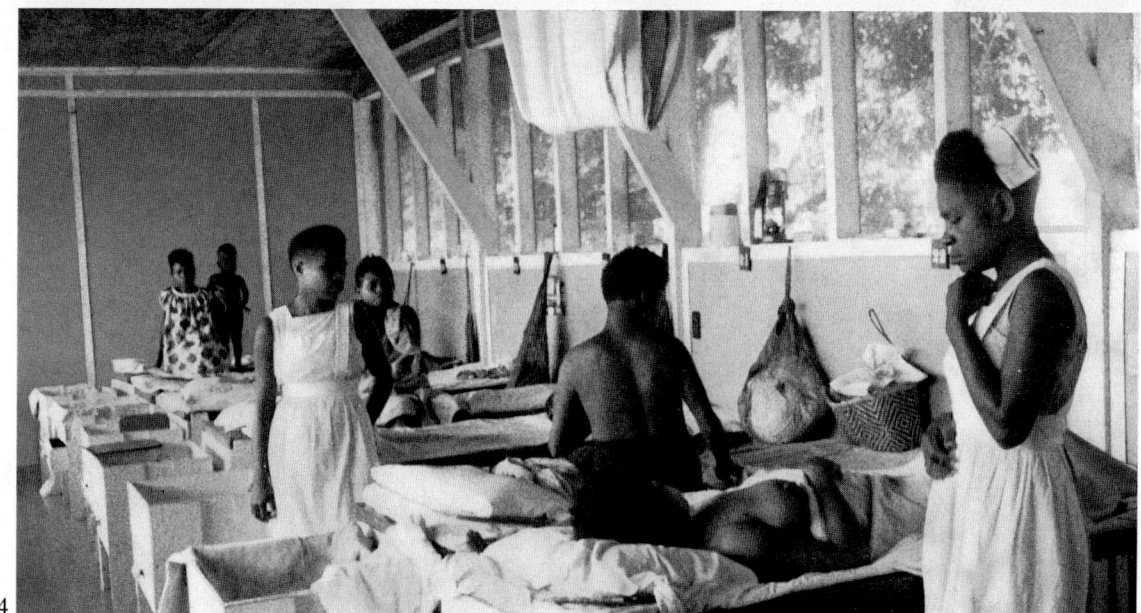

24

Faunenfälschungen

Noch einige Worte zur Einfuhr neuer Tierarten. Die Administration hat nicht weniger als zehn verschiedene ausländische Fischarten, hauptsächlich Maulbrüter, Barsche, Forellen und Karpfen, in die Freigewässer Neuguineas ausgesetzt. Die Art *Tilapea mossambica* hat sich in den Flüssen und Seen des Tieflandes stark vermehrt. Ost-Neuguinea kann als Modellfall dafür dienen, wie eine ausländische Administration ohne angemessene Kenntnis des Lebensgefüges der einheimischen Tierwelt, der einzelnen Ökosysteme fremde Fauna importiert und in Freiheit ausgesetzt hat, mit dem guten Vorsatz, der eingeborenen Bevölkerung mehr Eiweissstoffe zu vermitteln. Dabei ist bis heute ungeklärt, ob dafür wirklich ein Bedarf vorhanden war. Auch zeigt sich bereits jetzt deutlich, wie die Neueinführungen das biologische Gleichgewicht gefährden, so dass die Aktionen in der Zukunft durchaus eher zu einem Schwinden der Proteinquellen führen können.

Im Sepik, dem grössten Fluss Nordost-Neuguineas, zum Beispiel, hat der *Tilapea*-Bestand so stark zugenommen, dass er die einheimische Fischfauna verdrängt, vielleicht bestimmte Arten ausrottet. Die Papuas freuen sich über diesen Fischreichtum. Doch ist zweifelhaft, ob ihre Freude lange anhalten wird. Bereits jetzt wird der einzelne Fisch in der gesamten Biomasse – dem Gewicht aller Individuen zusammen – immer kleiner, je stärker die Individuenzahl zunimmt. Zur Korrektur hat die Administration nun vorgeschlagen, einen südamerikanischen Raubfisch einzuführen, der die *Tilapea*-Bestände dezimieren soll! Hier wird nicht nur deutlich, wie gefährlich derartige Experimente sind, sondern ganz besonders, dass es sehr gründlicher Feld- und Laboruntersuchungen bedarf, um *vor* dem Aussetzen fremder Nutztiere zu prüfen, ob überhaupt ein Bedarf in dieser Hinsicht besteht und wie sich die Tierarten in ihrer natürlichen Heimat und – in einem Versuchsareal – gegenüber der Tierwelt Neuguineas verhalten. Am allerbesten wäre es jedoch ohne Zweifel, gar nicht erst mit derartigen Faunenfälschungen zu experimentieren, da das ökologische Gefüge ein in seinen einzelnen Komponenten fein abgestimmtes System ist, das durch fremde Faktoren auf lange Sicht auch dann ernsthaft gestört werden kann, wenn zunächst nichts davon erkennbar ist. Immerhin ist das südwestliche Neuguinea noch frei von eingeführten Fischarten, und es ist erstaunlich, dass dort einer der besten Fischgründe im Binnenland liegt: der Lake Murray.

Ausgesetzt wurden ferner bestimmte Schlupfwespen zur Bekämpfung von Pflanzen-schädlingen. – Schon sehr früh in diesem Jahrhundert verwilderten kleine Bestände des Timorhirsches *(Cervus moluccensis timorensis)* nahe Merauke in West-Neugui-nea und an einigen anderen Stellen. Die Nachfahren haben sich stark vermehrt und bevölkern grosse Areale des offenen Geländes im westlichen Papua (Trans-Fly-Gebiet) sowie in der Umgebung von Port Moresby.

Sehr starke Bodenzerstörungen in den Wäldern durch Wühlen und Frass richten verwilderte Schweine *(Sus scrofa f. papuanus)* an, die von den Haustieren der Papuas abstammen und fast die gesamte Insel erobert haben. Ebenfalls verwildert – aber nur in kleinen Populationen, die noch zu kontrollieren wären – sind Hauszie-gen in den trockeneren Gebieten vor allem um Port Moresby sowie Haushunde, Hauskatzen, Wasserbüffel und Rinder.

Ein besonderes Umweltproblem hat die Einführung von *Bufo marinus,* einer sehr grossen Krötenart aus Südamerika, geschaffen. Zunächst auf Neu-Britannien be-schränkt, wurde von den Japanern die Kröte – angeblich während des Zweiten Weltkrieges – nach Lae an der Nordküste gebracht und entlang der Küste an meh-rere andere Stellen verschleppt. Die sehr anpassungsfähige *Bufo marinus* hat sich in ihrem neuen Lebensraum ungeheuer vermehrt. Nach 1959 tauchten Kröten auch an der Südküste in Port Moresby auf. Jetzt haben sie auch die Insel Daru unmittelbar vor der Küste des westlichen Papua erreicht! Die grossen Tiere besetzen alle Schlupfwinkel unter Steinen und gefallenen Bäumen, Erdlöcher usw. und verschlin-gen Kerb- und sogar kleine Wirbeltiere. Durch ihre giftigen Hautabsonderungen werden sie sogar dem Menschen gefährlich; es wurden Todesfälle nach Genuss der Kröten bekannt. Am bedrohlichsten ist ihre lawinenartige Überhandnahme für alle kleinen, am Boden lebenden Tierarten. Im Gebiet von Port Moresby konnte ich selbst zwischen 1959 und 1966 das Verschwinden kleiner Eidechsen verfolgen. Zum Glück macht die Kröte vor dem geschlossenen Regenwald halt, ist im Süden Neu-guineas also hauptsächlich auf die trockenen Gebiete um Port Moresby beschränkt geblieben. Doch droht sie nun, nach ihrem Auftauchen auf Daru, den Sprung zum gegenüberliegenden Festland des trockenen Savannengeländes westlich des Fly River (s. Abschnitt «Das Torassi- oder Bensbach-Gebiet») zu schaffen. Vielleicht kann die Gefahr durch eine Ausrottungsaktion auf Daru (1000 ha) gebannt werden.

Schutzpolitik

Die ersten Verordnungen der Kolonialregierungen zur Kontrollierung der Paradiesvogeljagd gehen zurück auf das Jahr 1897, als im Territory of Papua, damals noch
British New Guinea genannt, eine «Bird Collectors Ordinance» erlassen wurde.
Ihr folgte dort 1911 die «Bird Protection Ordinance». Im Territory of New Guinea,
dem früheren Kaiser-Wilhelms-Land, wurde 1922 eine «Bird and Animals Protection Ordinance» erlassen. Seit 1924 sind alle Paradiesvogelarten im ganzen Verbreitungsgebiet völlig geschützt. 1966 erliess die australische Administration des verein-
ten Territory of Papua and New Guinea eine «Fauna Protection Ordinance». Mit
dieser Verordnung stellte die Administration 1968 zusätzlich zu den bereits geschützten Paradiesvögeln die folgenden Arten unter gesetzlichen Schutz:

Weisse Reiher *(Egretta alba, E. garzetta, E. intermedia)*
Krontauben *(Goura)*
Harpyenadler *(Harpyopsis novae-guineae)*
Fischadler *(Pandion cristatus)* (obwohl nicht bedroht)
Salvadori-Ente *(Salvadorina waigiuensis)*
Vogelschwingenfalter *(Ornithoptera alexandrae, O. allotei, O. chimaera, O. goliath,
O. meridionalis, O. paradisea, O. victoriae)*.

Papuas sind von den Bestimmungen ausgenommen, vorausgesetzt, sie verwenden
traditionelle Fangmethoden und verwerten die Beute zum eigenen, nichtkommer-
ziellen Gebrauch.
Als «Conservator of Fauna» fungiert der Direktor des Department of Agriculture,
Stock and Fisheries. Er ist auch durch die Verordnung von 1966 befugt, Teile des
Verbreitungsgebietes bedrohter Arten zu Schutzreservaten zu erklären. Das Land-
wirtschafts-Departement besitzt seit 1968 eine Wildlife Ecology Section, die in erster
Linie Felduntersuchungen über die Rentabilität der Nutzung ökonomisch wichtiger
Tierarten – der eingeführten Hirsche, Krokodile und neuerdings Paradiesvögel –
anstellt. 1969 erliess die Administration eine «Crocodile (Trade) Protection Ordi-
nance», deren Inhalt vornehmlich die Sicherung der vormals wirtschaftlich sehr bedeutenden Krokodilhaut-Industrie betrifft. Nach der Verordnung dürfen nur mehr
Häute mit einer Bauchbreite von 50,8 cm angekauft und verkauft werden, um die

für die Fortpflanzung wichtigsten grossen Exemplare zu schonen. Dagegen ist es weiterhin erlaubt, Krokodile jeder Grösse zu töten.

Bedauerlicherweise ist gegenwärtig praktisch keine Überwachung all dieser Schutzbestimmungen möglich. Die Papuas betrachten es nach wie vor als ihr angestammtes Recht, nach Belieben zu jagen, verwenden aber nun auch moderne Schrotflinten und feine Vogelnetze. Der Verkauf von Schusswaffen nahm 1967/68 um 40 % gegenüber dem Vorjahr zu. Der Bedarf zum Beispiel an Paradiesvogelfedern wird immer stärker, und die volksstarke Gruppe der Chimbu im zentralen Hochland, in deren Siedlungsgebiet die begehrten Arten bereits äusserst selten geworden sind, hat weitverzweigte Handelsbeziehungen zu abgelegenen Gebieten aufgebaut, um Nachschub zu erhalten. Hauptstimulus für die Verwendung der Federn im Hochland sind neuerdings die jährlichen grossen Tanzfeste, die Mt.-Hagen- und die Goroka-Shows.

Die Administration hat es bisher versäumt, durch ein Erziehungsprogramm biologische Kenntnisse über die Fauna und Flora Neuguineas und vor allem über den Sinn der Schutzbestimmungen zu vermitteln. Die ebenfalls 1966 erlassene «National Parks and Gardens Ordinance» bot die gesetzliche Möglichkeit zur Schaffung eines National Parks and Gardens Board. Diese Institution wurde seither geschaffen und besteht aus vom Administrator ernannten Mitgliedern und einem geschäftsführenden Direktor. Die Aufgabe des Board ist die Beschaffung und Betreuung von Erholungsflächen und Nationalparks. Gegenwärtig besteht die zur Erholung der Stadtbevölkerung von Port Moresby dienende Wariata Recreation Area in der Astrolabe Range mit nur 6,4 km² Fläche, die allerdings offiziell als «Nationalpark» betitelt wird. Daneben unterhält das Department of Forests drei Waldreservate im östlichen Hochland, nahe Port Moresby und auf Neu-Britannien. An nichtstaatlichen Organisationen bemühen sich um den Schutz von Landschaft und Tierwelt die Papua and New Guinea Scientific Society sowie andere der am Ende des Kapitels «Natur- und Kulturgeschichte Neuguineas» genannten kulturellen Einrichtungen. Im ganzen betrachtet, ist die Naturschutzlage trotz einiger guter Ansätze in neuester Zeit weiterhin düster. Wirtschaftliche Interessen legen sich wie ein Netzwerk über die ganze Insel, jagdbare Tiere können der steten Zunahme moderner Schusswaffen kaum mehr standhalten. In gewissen Regionen sind die grössten Arten bereits ausgerottet. Erst 1971 kam als Folge nationaler und internationaler Bemühungen eine öffentliche Diskussion in Gang, in der auch eingeborene Politiker ein Bekenntnis zur Verbesserung der Schutzmassnahmen für die Paradies- und Laubenvögel sowie für die Naturschätze ihrer Nation ablegten (s. den folgenden Abschnitt). Bisher konnte kein einziges Projekt zur Schaffung eines grösseren Schutzgebietes für Landschaft und Tierwelt im Rahmen des schon seit langer Zeit geforderten Nationalparksystems verwirklicht werden.

Dabei war keine Zeit günstiger, noch wird jemals eine bessere Gelegenheit kommen, um wirkungsvoll vorbeugend und grosszügig einen vorbildlichen Umwelt- und Artenschutz aufzubauen als Sicherung der natürlichen Reichtümer Neuguineas, für die Wirtschaft der Zukunft, in der immer mehr ursprüngliche Landschaften als Erholungs- und Erziehungsmedien in der ganzen Welt begehrt und von geldbringenden Touristen besucht werden. In der Erschliessung der vielfältigen Naturlandschaften und des Reichtums an exotischen Tierarten, insbesondere an Vögeln, liegt ein noch kaum berührtes wirtschaftliches Potential der Insel.

Internationale Schutzbemühungen

Die alteingesessenen Vertreter der australischen Administration in Neuguinea sahen es nicht gerne, wenn ihnen ausländische Experten zu genau auf die Finger schauten und Ratschläge erteilen wollten. Erst als mit der Gründung der Universität jüngere Intellektuelle ins Land kamen und anstelle der australischen Beamten immer mehr eine einheimische Elite heranwuchs und sich in die Verwaltung einschaltete, konnte diese starre Haltung weichen. Heute wird die Führungsschicht von jungen, progressiven Papuapolitikern getragen, die den Kontakt mit der Welt suchen, sich aber andererseits voll Stolz der Eigenständigkeit ihres Landes bewusst sind. In diesem Stadium des Übergangs konnte der internationale Naturschutz auf Ost-Neuguinea festen Fuss fassen, so dass ebenso wie in vielen afrikanischen Staaten die Gedanken moderner Umweltkontrolle bereits auf fruchtbaren Boden gefallen sind, noch bevor das Land seine innere Selbständigkeit erhält.

1970 konnte ich auf einer vom World Wildlife Fund unterstützten Reise nach Ost-Neuguinea das Material zu einem Bericht «Conservation in Papua and New Guinea» zusammentragen, der 1971 von dieser internationalen Organisation vervielfältigt wurde. Darin werden zum erstenmal alle Aspekte des Umwelt- und Artenschutzes behandelt und eine grosse Reihe von Empfehlungen geäussert, die in Zusammenarbeit mit Papuapolitikern, Regierungsbeamten und Privatpersonen aufgestellt wurden. Es ist ein dringendes Bedürfnis, folgende Massnahmen zu ergreifen:

Erziehung auf dem Gebiet des Umweltschutzes als Programm von grundsätzlicher Bedeutung.
Koordinierung und Verstärkung der nationalen Schutzbestrebungen.
Konzentrierung internationaler Schutzbemühungen auf Neuguinea, in enger Zusammenarbeit mit den zuständigen nationalen Institutionen.
Ökologische Forschung sowie Felduntersuchungen über den Bestand und die Biologie bestimmter Arten.
Möglichst sofortige Verwirklichung individueller Projekte zur Einleitung angewandten Umwelt- und Artenschutzes in Modellprogrammen, die beispielhaft für weitere Projekte sind.
Kontrolle eingeführter Tierarten und von Umweltverschmutzung.

Exemplare dieses Berichtes gingen allen Parlamentsabgeordneten und anderen Politikern in Port Moresby sowie der Presse und dem Rundfunk zu. Die daraufhin angeregte Diskussion hat zu einem wesentlichen Auftrieb der Naturschutzbewegung geführt und das Bewusstsein für die Dringlichkeit wirksamer Massnahmen allgemein vertieft und verbreitet. Vor allem aber wurde der schon erwähnte Kontakt zur internationalen Naturschutzbewegung geschaffen. Das von der Regierung gegenwärtig forcierte Programm zu verbessertem Schutz der Paradies- und Laubenvögel wird voraussichtlich von bedeutenden internationalen Organisationen, der Internationalen Union für Naturschutz (IUCN), dem World Wildlife Fund (WWF), dem International Council for Bird Preservation (ICBP), der New York Zoological Society und der Frankfurter Zoologischen Gesellschaft von 1858, finanziell und durch Beratung unterstützt werden. Es bleibt zu hoffen, dass im Anschluss an das Paradiesvogel-Programm auch andere wichtige Projekte, die in dem Bericht des World Wildlife Fund zur Sprache kommen, verwirklicht werden.

Schutzgebiete

Insbesondere gilt dieser dringende Wunsch für die baldige Verwirklichung des Nationalparksystems, das von uns bereits 1970 im Bulletin der Internationalen Union für Naturschutz skizziert wurde. Die sehr schwierigen Landbesitzverhältnisse auf Neuguinea, die dadurch charakterisiert sind, dass fast alles Land im Besitz einzelner Papuas oder sozialer Gruppen liegt, haben uns veranlasst, im erwähnten World-Wildlife-Fund-Bericht ein Modell zu entwickeln, nach dem auch unter diesen Gegebenheiten – die Landkauf für grossflächige Schutzgebiete fast unmöglich machen – Nationalparks von einer mittleren Grösse von 1500 km² Fläche geschaffen werden können. Nach dem Modell bleibt das Land zunächst im Besitz der papuanischen Eigentümer, jedoch werden deren Rechte in der Nutzung auf die bisher traditionell angewandten Methoden beschränkt, mit Ausnahme von Brandrodung und einigen anderen Praktiken, die generell innerhalb der Grenzen des Schutzgebietes verboten werden sollen. Die Papuas dürfen auch das Land ohne Zustimmung des National Parks Board weder verkaufen noch verpachten. Jede wirtschaftliche Nutzung durch Nichtansässige, zum Beispiel der Abbau von Bodenschätzen, unterliegt der Kontrolle dieser Behörde. Als Entschädigung für die Beschränkung ihrer Rechte erhält die ansässige Bevölkerung gutes Land ausserhalb der Schutzzone zugeteilt, und zwar dort, wo wegen bisher schwacher Besiedelung eine Zunahme der Bevölkerung tragbar ist und sogar von der Regierung gewünscht wird. Die Leute haben nun die Wahl, in ihrer angestammten Heimat zu bleiben – besonders die Alten werden davon Gebrauch machen – oder auf dem neuen Land unter der Anleitung von landwirtschaftlichen Beratern eine neue, auf die moderne Marktwirtschaft abgestimmte Existenz aufzubauen. Nach Jahren werden die Landbesitzer zunehmend auf die Anwendung traditioneller Nutzungsarten innerhalb des Schutzgebietes verzichten wollen. Da dann das Land wegen der auferlegten Beschränkungen für sie keinen Nutzen mehr bringt, muss es in diesem späteren Stadium von der Regierung gekauft werden, sobald die Eigentümer dazu bereit sind. Jeder Zwang wird dadurch vermieden. Dieses Modell wurde für die Region des wirtschaftlich sehr armen Golfs von Papua entworfen, kann aber ebenso überall dort Anwendung finden, wo der bisherige Lebensraum der Papuas wirtschaftlich gegenüber besserem Land in der Nachbarschaft benachteiligt ist, so dass es für die Bewohner des Schutzgebietes von Vorteil wäre, umzusiedeln. Die Bewohner am Golf von Papua haben ihre Zustimmung zu diesem Modell bereits gegeben. Neben der Schaffung des Nationalparksystems, das im Kapitel «Nationalparks für die Zukunft» näher behandelt werden wird, schlägt der World-Wildlife-Fund-Bericht noch die baldige Einrichtung von kleineren Reservaten für bedrohte Arten und ökologische Systeme enger Verbreitung vor, so in den Toricelli Mountains und auf der Huon-Halbinsel in Nord-Neuguinea.

Artenschutz

Noch ist keine Tierart Neuguineas unmittelbar vom Aussterben bedroht. Doch mehren sich trotz ungenügender Kenntnis der Verbreitung und lokalen Häufigkeit Anzeichen dafür, dass eine ganze Reihe der vom Menschen genutzten Arten dem gegenwärtigen Druck nicht mehr lange standzuhalten vermag. Nur einige davon sind bisher gesetzlich geschützt, doch wurde ja schon darauf hingewiesen, dass diese Schutzbestimmungen zwar auf dem Papier stehen, in der Praxis aber keine Beachtung finden. Ich kenne selbst Regierungsbeamte, denen es nichts bedeutet, eine geschützte Krontaube gebraten zu servieren.

Natürlich wendet sich unsere Aufmerksamkeit in erster Linie den kostbaren Paradiesvögeln zu. Mitte 1971 schuf das International Council of Bird Preservation eine Arbeitsgruppe für Paradies- und Laubenvögel, die ihre Bemühungen mit denen der Wildlife Ecology Section des Department of Agriculture und der Universität in Port Moresby koordinieren wird. So ist die Hoffnung gross, dass bald wirksame Schritte zu verbessertem Schutz gerade der besonders bedrohten Hochlandarten unternommen werden können. Ein noch 1972 anlaufendes Dreijahresprogramm umfasst Felduntersuchungen über die Verbreitung und ökologischen Ansprüche der einzelnen Arten, Analysen der wirtschaftlichen und soziologischen Bedeutung der Federn für die Papuas, die Entwicklung von Modellen zu einer Bewirtschaftung einiger Arten der Gattungen *Paradisaea* und *Astrapia,* etwa durch die lokalen Verwaltungseinheiten («Local Government Councils») – vielleicht in der Form, dass man den Männchen die Schmuckfedern ausrupft, sie dann aber wieder fliegen lässt (nach einem Vorschlag von Sir Hugh Elliott, Oxford). Nicht zuletzt sieht das Programm die Schaffung einer Reihe von Schutzreservaten in den Gebieten mit dichtester Artenkonzentration vor.

Nach dem gegenwärtigen Stand unserer Kenntnis sind vor allem jene Paradiesvogelarten gefährdet, die im dichtbesiedelten Hochland stark gejagt werden und deren enger Lebensraum, der Eichen- und Buchenwald, durch Einschlag sehr stark zurückgedrängt wird: der Blaue Paradiesvogel *(Paradisornis rudolphi)*, Raggis Grosser Paradiesvogel *(Paradisaea apoda raggiana),* welcher hier zwar besonders stark verfolgt wird, allerdings in seiner Verbreitung nicht auf den eben skizzierten Lebensraum beschränkt ist, alle Arten Paradieselstern der Gattung *Astrapia* und der Wimpelträger *(Pteridophora alberti).*

In der Liste gänzlich geschützter Arten sollten nach dem World-Wildlife-Fund-Bericht folgende Arten zusätzlich Aufnahme finden: der Borstenkopfpapagei *(Psittrichas fulgidus),* der Laubenvogel *Archboldia sanfordi,* der Nashornvogel *(Aceros plicatus),* der Grosse Ameisenigel *(Zaglossus bruijni),* der Kleine Ameisenigel *(Tachyglossus aculeatus lawesi)* und die Seekuh *(Dugong dugong).*

Unter ihnen ist der Borstenkopfpapagei besonders gefährdet, da er wegen seiner roten Flügelfedern, die *beide* Geschlechter tragen, intensiv gejagt wird. Dazu ist er wenig scheu und liefert wegen seiner stattlichen Grösse auch noch reichlich Fleisch für den Kochtopf. Im Bosavi-Gebiet trafen wir 1966 einen einheimischen Polizisten einer Regierungspatrouille, der gerade vier Borstenkopfpapageien für die Küche geschossen hatte. In dichter besiedelten Gebieten ist die Art bereits ausgestorben.

Die zweite Art, der Laubenvogel *Archboldia sanfordi,* von einigen Autoren auch als Unterart der Art *Archboldia papuensis* angesehen, wurde von Thomas Gilliard erst 1950 am Mt. Hagen in Zentral-Neuguinea entdeckt. Das Männchen ist gänzlich schwarz bis auf eine goldgelbe Kopfhaube. Gilliard sammelte elf Exemplare und scheint damit die am Mt. Hagen lebende Kolonie ausgerottet zu haben; jedenfalls wurde dort seither kein Stück mehr gesichtet. Dafür fand Richard Schodde Jahre später am Mt. Giluwe weitere Kolonien. Wiederum hätte der Entdecker leicht den offenbar sehr dicht zusammen lebenden Bestand vollständig von seinen eingeborenen Jägern einfangen lassen können. Doch hielt er zum Glück die Papuas davon zurück. Dieses Beispiel zeigt sehr eindringlich, wie wissenschaftliche Sammlertätigkeit eine ernste Bedrohung eines Tierbestandes sein kann.

Der Nashornvogel ist wegen intensiver Verfolgung aus dem Bereich dichter menschlicher Besiedelung bereits verschwunden. Er gehört zu den Charaktervögeln der papuanischen Wälder und verdient schon deshalb strengsten Schutz.

Sehr gering ist unsere Kenntnis bisher von der Verbreitung und dem Bestand des wohl sonderbarsten Tieres des papuanischen Faunengebietes, des Grossen Ameisenigels oder Grossen Echidna. Er muss schon die frühen Einwohner Neuguineas fasziniert haben, denn man hat eine vorgeschichtliche Steinplastik ausgegraben, die sehr wahrscheinlich einen Echidna darstellt, der wegen seines langen röhrenförmigen Kieferschnabels unverwechselbar ist. Die Bewohner des Bosavi-Gebietes bewahren Schädel von Echidnas als Jagdtrophäen auf und färben sie mit roter Vulkanerde. Am Mt. Wilhelm dagegen ist *Zaglossus* bereits ausgestorben.

Seekühe der Art *Dugong dugong* jagten die Papuas früher mit Harpunen von eigens dafür im seichten Wasser errichteten Plattformen aus. Heute kommt nur mehr gelegentlich ein Stück zur Strecke. Der Bestand ist der Ausrottung nahe. Nur in den ausgedehnten Korallengewässern östlich von Neuguinea scheint die Art noch häufiger zu sein. Ihr Überleben ist im ganzen, weiten Verbreitungsgebiet in den warmen Küstengewässern der Alten Welt in Frage gestellt.

Die grösseren Jagdtiere, wie das im offenen Savannengelände früher häufige Känguruh *Protemnodon agilis papuanus,* werden mit Sicherheit ebensowenig wie die anderen Känguruhs der Insel dem stetig zunehmenden Jagddruck in den Zentren der menschlichen Besiedelung widerstehen können. Auf dem Eingeborenenmarkt in Port Moresby haben bereits Waldkänguruhs *(Dorcopsis)* die Savannenkänguruhs abgelöst, die früher in Reihen zum Verkauf angeboten wurden, die aber im Trockengürtel um die Stadt fast verschwunden sind. Nur im westlichsten Papua leben noch grössere Populationen. Auch die Bestände der Kasuare und der grösseren Wasservögel – zum Beispiel der seltenen Gebirgsbachente *Salvadorina waigiuensis* – nehmen ständig ab.

Ein besonderes Problem ist mit dem Schutz der beiden Krokodilarten Neuguineas *(Crocodylus porosus, C. novae-guineae)* verbunden, da deren Jagd einen bis vor wenigen Jahren sehr bedeutenden Erwerbszweig darstellte. Immerhin waren Krokodilhäute ein so wichtiges Exportgut, dass es regional, zum Beispiel im westlichen Papua, an erster Stelle stand. Keine der beiden Arten ist vom unmittelbaren Aussterben bedroht; vor allem das Süsswasserkrokodil kann in den weiten, schwer zugänglichen Sümpfen des Flachlandes vorerst sicher überleben. Der rapide Rückgang der Krokodilpopulationen und damit der Häuteproduktion setzte 1965/66 ein, als während langer Trockenperioden viele Sümpfe austrockneten und die Jäger somit leichter zum Schuss kamen.

Am Lake Murray hat die Wildlife Ecology Section des Department of Agriculture, Stock and Fisheries eine Krokodilstation eingerichtet, in der Möglichkeiten einer Haltung in sogenannten Krokodilfarmen geprüft werden sollen. Vorerst allerdings war dem Unternehmen wenig Erfolg beschieden, denn während eines Hochwassers schwammen die Käfigtiere alle munter davon.

Ausblick

Allmählich wächst unter der Bevölkerung Neuguineas – Papuas wie fest ansässigen Australiern und Europäern – ein Bewusstsein für die Dringlichkeit umfassender Schutzmassnahmen. Die neuen Politiker, die in ihrer Jugend noch in engem Kontakt mit der Tierwelt ihres Wohngebietes standen, werden hoffentlich den Faden der traditionellen Naturverbundenheit nicht abreissen lassen. Für sie sind die Paradiesvögel ein nationales Symbol, aber sie werden deswegen nicht an dem grossen Reichtum anderer Naturschönheiten ihrer Heimat vorbeigehen, sondern dieses Erbe, das ihren Vorfahren Lebensgrundlage war, weiterbewahren als Lebensgrundlage auch für zukünftige Generationen, als einzigartiges Gut von weltweiter Bedeutung. Sie werden hoffentlich auch erkennen, dass auf Grund der umwälzenden wirtschaftlichen Entwicklung in ihrem Lande die alten Methoden der Schonung ihrer Umwelt nicht mehr ausreichen, sondern dass unter Investition von Geldern und Arbeitskraft planerisch, in Zusammenarbeit mit erfahrenen internationalen Organisationen, das biologische Gleichgewicht bewahrt, die ursprüngliche Landschaft in repräsentativen Ausschnitten erhalten und bedrohte Tierarten geschützt werden müssen.

Wir haben im World-Wildlife-Fund-Bericht vorgeschlagen, dass eine Gruppe dieser Politiker durch Zuwendung von Geldern die Möglichkeit erhalten soll, ostafrikanische Nationalparks zu besuchen, um sich persönlich ein Bild zu machen, wie dort junge Nationen den Gedanken eines modernen Naturschutzes durch Errichtung von grossen Nationalparks vorbildlich verwirklicht und damit durch Aufbau einer Fremdenindustrie ihrem Land zu grösstem wirtschaftlichem Gewinn verholfen haben.

29

30

32

33

34

Die Erhaltung des kulturellen Erbes

Kulturverfall am Golf von Papua

Im feuchtheissen Deltagebiet des Golfs von Papua, zwischen den Flüssen Turama und Era ungefähr, leben vier grosse Papua-Gruppen, die Kerewo-, Gope-, Urama- und Era-Leute. Ihre gemeinsamen Vorfahren kamen aus dem Westen, vom Mündungsgebiet des Fly River, dorthin. Diese Wanderung und die anschliessende Aufsplitterung der Gruppen ist durch mündliche Überlieferung belegt und konnte von uns während vier Reisen zwischen 1959 und 1970 rekonstruiert werden. Anlass des Auszugs vom Fly River waren offenbar Flutkatastrophen und soziale Gründe. Noch sind die Daten nicht ausgewertet, um annähernd den Zeitpunkt des Auszuges nach Osten festzulegen. Damals hatte sich das Land gerade erst aus der See erhoben, die Flüsse auf ihrem nun längeren Weg zum Meer durchsetzten das flache Gelände mit einem Labyrinth von Strömen und Kanälen. Anfangs waren diese Wasserwege noch schmal und leicht zu queren, zum Teil zu Fuss, indem die Männer Bäume als Brücken darüber schlugen. Grössere Wasserstrecken überwanden sie in Kanus. Erst später bildeten sich die riesigen Stromflächen, wie sie heute bestehen. Zunächst entstanden Ursiedlungen und davon ausgehend abgespaltene Dörfer. Es wuchsen sprachlich und sozial getrennte Gruppen. Mit der Aufspaltung begann auch der Krieg zwischen diesen. Die Körper der Getöteten wurden bei zeremoniellen Feiern verzehrt und die Schädel aufbewahrt. Solche Kopftrophäen holten sich die Küstenleute auch von den weiter landeinwärts lebenden Kairi. Im Osten, am Purari, lebten die Koriki, die sich teils kulturell und biologisch mit den Era, Urama und Gope vermischten, jedoch auch Krieg mit ihnen führten.

Ursprünglich lebte wohl das gesamte Dorf in einem gemeinsamen Langhaus, das auf Pfählen über dem Morast an einem kleinen Fluss versteckt errichtet war. Im Kerewo-Gebiet war auch zur Zeit der weissen Erstkontakte das Langhaus noch Wohnhaus. Gleichzeitig barg es die Kultobjekte und diente für die Kultfeiern. Entlang des bis über 100 m langen Mittelgangs bewegten sich dann im Fackelschein die Reihen der festlich geputzten Krieger beim Schlag ihrer Handtrommeln. In den ostwärts gelegenen Gope-, Urama- und Era-Dörfern und am Purari wurden Langhäuser ausschliesslich für zeremonielle Zwecke errichtet und durften von Frauen nur zu bestimmten Anlässen betreten werden. Daneben standen Wohnhütten.

Die Hauptnahrung der Golfpapuas ist der wildwachsende Sago, dazu Taro, Krabben und Fische. Es gibt fast keine Pfade zu Land; als Verkehrswege benützen die Leute das für Fremde verwirrende System der Wasserstrassen. – Über die natürliche Umwelt des Golfes wird im Abschnitt «Das Kerewo-Turama-Gebiet» mehr zu sagen sein, denn ein Ausschnitt des Gebietes soll zum Nationalpark entwickelt werden.

Die ersten Kontakte mit Europäern, von denen wir wissen, fallen in das Jahr 1845, als das Forschungsschiff «Fly» die Küsten des Golfes erkundete. Vordem hatte Torres 1606 bei seiner Fahrt zwischen Neuguinea und Australien den Golf von Papua durchkreuzt. Am 3. Dezember 1887 fuhr Theodore F. Bevan, ein australischer Forschungsreisender, mit seiner kleinen Dampfbarkasse in der Region der Gope-Papuas um eine Flusskrümmung und sah vor sich die grösste Eingeborenensiedlung, zu der er je in Neuguinea gelangt war: An beiden Ufern des Flusses erstreckten sich Häuserreihen auf etwa zwei Meilen Flusslänge, dazwischen lagen mehrere Zeremonialhäuser mit ihren hochragenden Giebeln. Nach kürzester Zeit tauchten vollbemannte Kriegskanus aus Seitenkanälen auf. Bevan, der sich kampflos zurückziehen konnte, schätzte die Bevölkerung auf mehrere tausend Leute. Auch in den übrigen Teilen des Deltas muss die Bevölkerung damals dicht gewesen sein, soweit dies aus den amtlichen «Annual Reports» der Administration und aus Missionsberichten in späteren Jahren hervorgeht. 1901 wurden die Missionare Chalmers und Tomkins im Kerewo-Dorf Dopima getötet. 1912 gründete B. Butcher die erste Missionsstation der London Missionary Society im Delta, und in den zwanziger Jahren entstand die erste Regierungsstation am Kikori River.

Damit setzte für die steinzeitlichen Kopfjäger am Golf von Papua das Ende ihrer Kultur ein, die mit der von aussen eindringenden europäisch geprägten Gesellschaftsordnung und ethischen Auffassung unvereinbar war. Mit dem Verbot der Kopfjagd begann das Sterben nicht nur der alten Kultbräuche; es scheint so, als wäre auch die physische Kraft der Bevölkerung damit gebrochen worden. Es mag widersinnig klingen, dass nicht die Kopfjagd, sondern das Ende dieser Sitte zu einer Abnahme der Bevölkerung geführt habe. Doch muss man bedenken, dass die Kriegszüge und die Kultfeiern, die damit und mit der anschliessenden Verwendung der Kriegstrophäen verbunden waren, ein Kernstück der Kultur bildeten. Das Sinnen der Männer, ihre Rangordnung waren auf den Krieg ausgerichtet, auf die Abwehr feindlicher Überfälle genauso wie auf die erfolgreiche Durchführung von Kopfjagdzügen ins feindliche Territorium. Die Kultschnitzereien in den Langhäusern sollten als magische Kraftträger dabei behilflich sein. Unsichtbar begleiteten sie die Krieger, machten sie stark, warnten sie vor Hinterhalt. Auch vermochten sie selbst zu töten. Nach siegreicher Rückkehr begannen tage-, ja wochenlange Festzyklen. Andererseits wurde keine wichtige Handlung vollzogen, zum Beispiel kein neues Langhaus eingeweiht, ohne dass vorher ein Kopfjagdzug Erfolg gebracht hätte. All dieser ständig gegenwärtige Lebensinhalt war nun gegenstandslos geworden. Dass sich eine derart starke psychische Veränderung sowohl auf die Vitalität, die Lebenserwartung des einzelnen wie auf die Geburtenzahl auswirken kann, ist sehr wahrscheinlich. Dagegen scheint vorher, als die Kultur noch intakt war, ein Gleichgewicht zwischen Verlust durch Krieg und Überfall einerseits und Geburtenzahl andererseits bestanden zu haben. Allerdings offenbar nur innerhalb der etwa gleich starken Gruppen des Golfes selbst: denn die physische Überlegenheit etwa gegenüber schwächeren älteren Kulturgruppen führt im allgemeinen zu deren Rückzug oder im Extrem vielleicht sogar zu ihrem Aussterben. Hierfür sind die früheren Kopfjagdzüge der starken Marind Anim weiter im Westen gegen ihre wesentlich schwächeren Nachbarn ein eindringliches Beispiel.

Rasch setzte ein sehr starker Bevölkerungsrückgang ein. Dafür können neben dem Kulturverfall auch neu eingeschleppte Krankheiten verantwortlich sein. Heute sind mehr als die Hälfte der Kerewo-Dörfer verödet oder nahe dem Aussterben; andere haben sich zusammengeschlossen, und ihre Bevölkerung ist in die Nähe der Regierungsstation Kikori umgesiedelt. Die amtliche Statistik gibt für das Jahr 1965 eine durchschnittliche Einwohnerzahl von 42 Männern und 33 Frauen pro Dorf an. Viele davon sind aber gar nicht mehr im Delta ansässig, sondern arbeiten in Port Moresby oder anderswo. Selbst wenn Bevan und andere Gewährsleute mit ihren Schätzungen der Bevölkerungsdichte zur Zeit der ersten Kontaktnahme weit übertrieben hätten, dann musste dennoch der Vergleich mit den heutigen Verhältnissen sehr nachdenklich stimmen, zumal in der Statistik nur die heute noch existierenden Dörfer berücksichtigt sind. Allerdings kann in jüngster Zeit zumindest für die Gope-Region ein leichtes Ansteigen der Geburtenzahl festgestellt werden.

Die starke Landflucht aus dem Bereich des Golfes geht auf die sehr geringe Zahl der Erwerbsquellen zurück: zwei Sägewerke, Bohrstellen einer Erdölgesellschaft, eine Kautschukplantage, Krokodiljagd. Ein australischer Experte bezeichnete im Jahre 1967 den Golf von Papua als «die vielleicht unterentwickeltste Gegend der Welt».

Welche Möglichkeiten bieten sich uns, das kulturelle Erbe des Golfgebietes zu bewahren? Es ist irreal, eine Kopfjagdkultur in unserer modernen Welt am Leben zu erhalten; ebensowenig ist es möglich und wünschenswert, die animistische, durch magische Vorstellungen von der Macht der Ahnen und der Umwelt bestimmte Religion gegenüber der anstürmenden christlichen Missionierung zu bewahren. Was uns zu tun bleibt, ist einerseits eine gründliche Dokumentation und Konservierung des kulturellen Erbes, um diesen Reichtum menschlicher Ausdrucksformen zu vermitteln und ihn den Nachfahren ihrer Träger als Zeugen der eigenen Vergangenheit zu bewahren, andererseits durch Integration einzelner Bräuche, Lebendigerhaltung alter Mythen und geschichtlicher Ereignisse möglichst viel vom alten Volksgut in das moderne Weltbild einzuarbeiten. Vielleicht kann sich daran ein neues Volksbewusstsein emporranken, vielleicht dadurch die Abwärtsbewegung aufgehalten werden. Allerdings müssen vorher sowohl Administration wie auch Mission ihre generelle Geringschätzung gegenüber den kulturellen Leistungen der Papuas ins Gegenteil verkehren. Das heisst, diese verantwortlichen Institutionen sollen nicht gerade die Kopfjagd hochleben lassen, aber doch die bedeutenden Kulturschöpfungen der Papuas auf dem Gebiet der bildenden Kunst ebenso wie im Bereich der schriftlosen Poesie und Epik entsprechend würdigen. Diese Notwendigkeit wird wohl von Vertretern der Universität und anderen erkannt, jedoch hat sich draussen im Busch nicht viel in der alten Praxis der weissen Überheblichkeit geändert. Die Papuas haben nicht nur ein Recht auf Bewahrung ihres kulturellen Erbes, sie sind vielmehr darauf angewiesen, dieses Gut zu pflegen, um in unserer weitgehend kulturell uniformierten Welt einen eigenständigen Platz behaupten zu können.

Der Leser mag aus den vorstehenden Ausführungen ein grosses persönliches Engagement für die Erhaltung des kulturellen Erbes der Papuas herausgespürt haben. Es rührt daher, dass ich selbst in den Jahren 1959 bis 1970 Etappen der Vernichtung der Monumente der einzigartigen Schnitzkunst am Golf von Papua miterleben musste. *Der Untergang der Kunstwerke* der Kerewo-, Gope-, Urama- und Era-Leute war die logische Folge des allgemeinen Kulturverfalls einerseits und der Nichtachtung ihrer Monumente durch Administration und Mission andererseits. Dazu kam, dass von aussen, seitens überregionaler Institutionen in der kritischen Phase nach dem Zweiten Weltkrieg bis in die jüngste Vergangenheit, nichts zu ihrer Erhaltung unternommen worden war. Zunächst nämlich verhielten sich die Golfkulturen sehr konservativ, und als Paul Wirz als Völkerkundler 1930 im Golf reiste, fand er noch überall in den Dörfern Zeremonialhäuser, die gefüllt waren mit Kultfiguren, alten Schädeltrophäen und Masken. So konnte er auch nur wenige der Objekte für europäische Museen erwerben. Nach ihm kam für Jahrzehnte kein Wissenschaftler mehr in den Golf. Vor einigen Jahren schrieb dann ein namhafter Südseeforscher in einem Buch, die Kunst des Golfes von Papua sei letzten Endes wenig bekannt, da ihre Werke zu zerbrechlich gewesen seien, um sich bis in unsere Zeit zu erhalten. Hätte er nur gewusst, wieviel unersetzliches Kulturgut zur Zeit seiner Niederschrift noch im Gelände anzutreffen war! Als wir dann 1966 begannen, die verbliebenen Reste in etwa sechzig Dörfern zu sammeln, war schon mehr als die Hälfte, vielleicht noch mehr, vernichtet. Immer wieder bekamen wir zu hören, dass man die alten im Flachrelief beschnitzten Kultbretter *(kope, titi ebihai)*, die Flachfiguren *(agibe, bioma, kakame)*, Vollfiguren *(kakame)*, Masken *(kanipu, keweke, avoko)*, beschnitzten Schwirrhölzer *(kaiaimuru)* und viel anderes Gut zerstört habe, weil der Regierungsbeamte oder Pastor gesagt hätte, diese alten Dinge gehörten nicht mehr in unsere heutige Zeit. Es gab einige Ausnahmen unter diesen Weissen, doch auch sie setzten sich zuwenig für die Erhaltung der Objekte ein, teils einfach deswegen, weil sie mit anderen Dingen zu sehr beschäftigt waren, oder deshalb, weil ihr Vorgänger sich sehr abschätzig über die Kunstwerke geäussert hatte und sie nun zur Bewahrung des europäischen Prestiges nicht genau das Gegenteil sagen konnten. Wie oft mussten wir feststellen, dass wir zu spät gekommen waren, oftmals nur um wenige Monate! 1959, auf einer ersten Reise, die mich nur in drei Dörfer führte, hatte ich im Dorf Paia ein echtes Langhaus mit einem grossen *agibe*-Schädelschrein angetroffen. Er bestand im wesentlichen aus einer grossen Flachfigur *(agibe)*, mit der die auf einer Plattform davor ruhenden Schädel *(e-epu)* durch Rotangschlingen verbunden waren. 1966 bleichten die über fünfzig Trophäen auf einem grossen Haufen am Rande des Dorfes. Die *agibe*-Figur hatte man verkauft. Im gesamten Gebiet des eigentlichen Deltas stand zu dieser Zeit kein einziges im traditionellen Stil erbautes und eingerichtetes Langhaus mehr. Damit war auch der Platz für die Kultgegenstände geschwunden. Ein Grossteil wurde verbrannt, in die Flüsse geworfen, vergraben oder zerschlagen. Oder die alten Männer brachten sie, wenn sie sich scheuten, die immer noch als Kraftträger gefürchteten Geisterdarstellungen aktiv zu vernichten, in kleinen Hütten im Busch unter, wo sie allmählich von Termiten und Ratten zerfressen wurden oder mit den Hütten selbst ver-

moderten. Bei den in letzter Zeit häufigen Dorfverlegungen und Dorfaufgaben liess man vielfach die Kultobjekte, die nun ja keine Funktion mehr hatten, zurück. Sie verfielen dann mit den Häusern. Schädel aus den *agibe*-Schreinen der Kerewo-Region und den anders gestalteten *awae*-Schreinen der übrigen Golf-Gruppen lagen 1966 verstreut am Boden zwischen bewohnten Hütten, gestapelt in Ecken der Hütten oder zwischen den Ruinenbruchstücken der verfallenen Langhäuser. Einige ausgewählte Beispiele machen das Geschehen noch deutlicher: 1965 wurde das letzte Langhaus der Kerewo-Region im Dorf Ubuo abgerissen und fast alles Kultgut ins Meer geworfen. Achtzehn Monate vor unserer Ankunft im Golf brannte das letzte Zeremonialhaus der Gope-Region ab, das nach Augenzeugenberichten mit Masken, Kultbrettern, Figuren, Schädeln und anderem gefüllt war. In den Dörfern Veraibari und Damaibari (Urama-Region) wurden auf Anordnung eines papuanischen Pastors der Seventh Day Adventists fast alle alten Kultgegenstände vernichtet. Zum Zeichen seines Sieges über die heidnischen Geister hatte der Pastor ein Stück eines abgesägten *kope*-Bretts über die Türe seines WC genagelt. In Kinomere fiel eines von zwei Zeremonialhäusern zusammen mit vollständigem Inhalt an Kultfiguren kurze Zeit vor unserer Reise einer Brandstiftung zum Opfer. Sturmfluten hatten in anderen Dörfern Kultschnitzereien, die in Wohnhütten standen, hinaus ins Meer und auf die Flüsse getragen.
Doch nicht überall kamen wir zu spät. Die alten Männer hatten viele der ganz alten und deshalb besonders kraftgeladenen Objekte verborgen gehalten und vertrauten sie uns an; sie sagten, nach ihrem Tode hätte die junge Generation sie sonst genau so zerstört oder an Europäer als Souvenirs verkauft, wie es mit dem anderen Gut zuvor geschehen war. Auch dies ist belegt; wir konnten nämlich 1966 einzelne Stücke nicht erwerben, weil der Besitzer abwesend war oder zuviel Angst vor der Rache der Geister hatte und deshalb nicht wagte zu verkaufen. Zwei Jahre später waren einzelne der Alten bereits gestorben und ihre Stücke inzwischen zerstört oder blieben unauffindbar. Am Era River erhielten wir sehr schöne alte *kope*-Bretter, die vom Müllplatz des Dorfes Aimei stammten. Auf der anderen Flussseite zogen unsere Papuahelfer auf dem Gelände eines ehemaligen Dorfes eine Serie alter Schnitzereien aus dem Schlamm unter halbversunkenen Haustrümmern hervor.
Viel wichtiges Material entdeckten wir in Kinomere, dem alten Zentrum der Insel Urama. Dort hatten die alten Männer den Inhalt eines Zeremonialhauses in einer Hütte im Busch nahe dem Dorf gestapelt, nachdem das Haus selbst zusammen-

gebrochen war. Zufällig hatte Frank Hurley, einer der bekanntesten Naturphotographen Australiens, bereits 1922 in einem Vorgänger dieses Langhauses hervorragende Blitzlichtaufnahmen gemacht, die zum Teil in diesem Bande reproduziert sind. Darauf erkennt man mehrere dieser Schnitzereien wieder, die wir 1966 auffanden. Nur dank den besonders guten Beziehungen zu den Dorfbewohnern bekamen wir die Hütte überhaupt zu sehen. Wir erwarben alles Material bis auf einige Dutzend Schädel. Als ich zwei Jahre später wieder zu der Stelle kam, war die Hütte bereits zur Ruine geworden, und die vormals vom Rauch braunen Trophäen waren vom Regen gebleicht und hatten grünliche Algen angesetzt. Den Holzgegenständen wäre es genau so gegangen wie zum Beispiel denen im Dorf Iare: dort fanden wir von einer ähnlichen Versteckhütte im Busch und deren Inhalt trotz intensiver Suche nur mehr die Umrisse am Boden, weil dort die Vegetation noch etwas niedriger als in der Umgebung war. Im letzten stehengebliebenen, jedoch verlassenen Haus des Dorfes Baravi am Era River entdeckten wir 1966 ein sehr interessantes Rauchrohr und die allererste Trommel, die die Era-Leute angefertigt hatten. 1970 war der Ort bereits völlig vom Sekundärbusch in Besitz genommen. In Tovei schliesslich, einem der beiden Urdörfer der Urama, händigten uns die Alten Bruchstücke von Baumästen aus, die ihre Vorfahren auf der Wanderung von Westen her beim Queren eines Wasserlaufes von dem als Brücke dienenden Baum abgebrochen hatten. Solche Objekte sind zur zeitlichen Bestimmung der Wanderung unschätzbar wichtig. Überall im Golf berichteten uns die Alten ausführlich und bereitwillig ihre alten Überlieferungen, die sie sonst mit ins Grab genommen hätten. Bisher hatte sich, soweit sie zurückdenken konnten, niemand ihrer Kultur näher angenommen. Es ging wie ein Aufleben durch die Dörfer, weil sich ein Aussenstehender für ihre Mythen und historischen Überlieferungen interessierte, ihre Kultur hochschätzte – und es kam auch bald zu sichtbaren Folgen dieser Erneuerung: Das durch Brand zerstörte Zeremonialhaus in Goiravi in der Gope-Region wurde wiederaufgebaut und bildet heute ein letztes Zentrum ursprünglicher Bräuche. 1970 konnte ich dort beispielsweise wieder einer Initiationsfeier beiwohnen. Auch junge Leute schnitzen sich wieder Trommeln, und nachts dröhnt dumpf ihr Ton aus neuerbauten Gemeinschaftshäusern. Eine Art Renaissance-Bewegung ist aufgelebt; allerdings kann sie nur ein schwacher Abglanz der alten Zeit sein. Die neuhergestellten Schnitzereien, zum Verkauf an Fremde in der Stadt bestimmt, haben nichts mehr von der Kraft der alten Originale. Wie überall kann eine aus dem Kult geborene Kunst nur so lange bestehen, als der Kult selbst lebendig ist. Dieser aber ist im Kern endgültig tot. Etwas Neues muss an die Stelle der unzeitgemässen Kultformen treten. Nicht eine mühsame Wiederbelebung der einzelnen Bruchteile der alten Bräuche kann die vorherrschende Aufgabe sein, sondern Schaffung eines an der neuen Lebensform orientierten Kulturinventars, das allerdings auf der alten Tradition aufbaut, ihre Stilelemente übernimmt und sich doch von ihr abhebt. Das Spektrum reicht von der Förderung junger Papuakünstler, die nicht in starrer Imitation die Formen der Vorfahren übernehmen, sondern Kunstwerke um ihrer selbst willen schaffen – wobei sie auf alte Stilelemente zurückgreifen –, bis zur Verwendung alter Ornamente als Textilmuster in einer aufstrebenden Industrie oder zur Förderung junger Dichter aus allen Teilen der Insel durch Abdruck ihrer in neuer Form geschaffenen, aber eigenständigen papuanischen Poesie. Es ist sehr erfreulich, dass in der jungen Universität in Port Moresby und in anderen kulturellen Zentren all die eben angeführten Entwicklungen tatsächlich aktiviert werden. Auch einige Missionsgesellschaften, allen voran die Katholische Mission und die Lutherische Mission, sind bemüht, papuanisches Brauchtum in die Liturgie, kirchliche Architektur und anderes einzubauen.

Kulturschutz im modernen Neuguinea

Die Massnahmen zur Erhaltung von materiellen Zeugen der kulturellen Vergangenheit und Gegenwart eines Landes richten sich nach zwei Gesichtspunkten: Erstens soll sichergestellt werden, dass diese Monumente vor Verfall oder Zerstörung geschützt sind und möglichst viel über ihre Geschichte, Verwendung und Bedeutung dokumentiert wird. Hierzu muss mit sachbezogenen, wissenschaftlich-technischen Methoden vorgegangen werden. Der zweite Gesichtspunkt ist das berechtigte Verlangen einer Nation, dass diese Objekte in ihrem eigenen Land zum nationalen Prestige, zur Erbauung und Belehrung erhalten bleiben, wobei naturgemäss nicht allein rational vorgegangen wird, sondern wegen des nationalen Engagements auch Emotionen mitspielen.

In der Praxis wird der zweite Gesichtspunkt vielfach vor den ersten gestellt, obwohl eigentlich die Erhaltung und optimale Dokumentation eines Kulturgutes absolute

Priorität haben sollten, unabhängig davon, in welchem Lande sie erfolgen. So kann es vorkommen, dass ein Entwicklungsland durch gesetzliche Verordnungen den Export und das Sammeln solcher Gegenstände durch ausländische Institutionen verbietet oder erschwert, selbst aber nicht hinreichend in der Lage ist, die Aufgaben der Erhaltung in Museen oder im Gelände wahrzunehmen, weil Einrichtungen, Fachleute und Gelder fehlen oder ungenügend vorhanden sind. Unter solchen Umständen geht unersetzliches Kulturgut verloren.

Das Beispiel des Golfs von Papua zeigt eindringlich, dass ein Land wie Neuguinea nicht warten kann und darf, bis es selbst über volle Möglichkeiten verfügt, um der Aufgabe der Erhaltung seines traditionellen Kulturgutes gerecht zu werden. In dem Wettrennen mit der Zeit, wo Verzögerungen der Sammel- und Konservierungstätigkeit um Monate oder gar Jahre den endgültigen Verlust unschätzbarer Werte bedeuten, muss internationale Zusammenarbeit vor lokalen Interessen stehen. Das Material im Gelände wartet nicht wohlbehütet, bis es einmal zu späterer Zeit von nationalen Institutionen gesammelt oder an Ort und Stelle gesichert wird; passiver Verfall durch Witterung, Vernachlässigung nach dem Kulturwandel, ungeeignete Unterbringung, Insektenfrass und Brandunfälle sowie die aktive Zerstörung durch Folgen des Akkulturationsprozesses, zum Beispiel in Cargo-Kult-Bewegungen, teils sogar durch direktes Eingreifen von Administration und Mission, ferner das Sammeln durch private, ungeschulte Kräfte ohne gleichzeitige Dokumentation der Geschichte und Bedeutung des Gegenstandes – all diese wichtigen Faktoren mahnen zu grösster Eile.

Bis 1965 war es für ausländische Museen und Einzelpersonen nicht schwierig, traditionelle Kultschnitzereien wie Figuren, Schilde, Masken, Steinwerkzeuge und anderes Gerät und archäologische Objekte aus Neuguinea auszuführen. Die europäischen, amerikanischen und australischen Museen haben seit Beginn der Kolonialisierung reiche Bestände dieser Gegenstände der beweglichen materiellen Kultur zusammengetragen, mit den dazugehörigen Informationen. Dabei haben sich naturgemäss die alten Kolonialmächte besonders hervorgetan. Diese alten Sammlungen aus der Zeit vor dem Zweiten Weltkrieg stammen vornehmlich aus dem nördlichen und südlichen Küstengebiet, von den Randinseln und dem Sepikfluss-Gebiet, soweit eben damals die Erschliessung vorgedrungen war. Schnitzereien, Mal- und Flechtarbeiten vom Bismarck-Archipel, der Astrolabe- und Tami-Region Nordost-Neuguineas, dem Unter- und Mittellauf des Sepik und Ramu, von den Trobriand-Inseln östlich von Neuguinea, vom Purari und Orokolo-Gebiet und der Mündung des Fly River zierten bald in hervorragenden Stücken die grossen Museen und viele Privatsammlungen. Nach dem Zweiten Weltkrieg wurden mit der fortschreitenden Erschliessung des Inneren neue Kulturprovinzen zugänglich, bis dann in den sechziger Jahren völkerkundliche Forschungs- und Sammlertätigkeit überall im Lande möglich war. Das Interesse der Sammler konzentrierte sich verständlicherweise auf die künstlerisch hochstehenden Volksgruppen im Tiefland, die allerdings durch die früh einsetzenden Einflüsse von aussen sehr bald ihres kulturellen Inventars beraubt waren. So starb in der Astrolabe-Region und Teilen des Bismarck-Archipels die traditionelle Kunst bereits lange vor dem Zweiten Weltkrieg aus. Länger ergiebig blieben das Sepik-Gebiet, die Trobriand-Inseln, der Golf von Papua und einzelne kleinere kunstproduzierende Gebiete. Zum Teil blieben dort verzierte und kunstvoll geformte Kultgegenstände bis in die Gegenwart in den Dörfern erhalten. Mit der weltweiten Anerkennung der «primitiven Kunst» und der damit einhergehenden Preissteigerung kamen immer mehr Sammler nach Neuguinea, die nicht allein zur wissenschaftlichen Dokumentation, sondern als Privataufkäufer und gewerbliche Händler arbeiteten. Ihre Tätigkeit konzentrierte sich in erster Linie auf das Sepik-Gebiet, weniger auf die Trobriand-Inseln und andere Stilprovinzen. Wurden neue Unterprovinzen – wie zum Beispiel das Korewori-Gebiet am Sepik – erschlossen, so setzte ein regelrechtes Wettrennen zwischen den Sammlern und deren eingeborenen Assistenten ein.

Aus dieser Situation erliess 1965 die australische Administration eine «National Cultural Property (Preservation) Ordinance», die 1967 und 1970 durch Zusatzerlasse korrigiert bzw. erweitert wurde.

Zunächst war es die australische Minderheit im Lande, die als Treuhänder sorgenvoll das Abwandern nationalen Kulturbesitzes beobachtete. Nach dem neuen Gesetz muss jeder eine Lizenz besitzen, der solches Gut, das heisst traditionelle Kunstgegenstände und Alltagsgeräte, die für den traditionellen Gebrauch bestimmt sind, von dessen ursprünglichen Besitzern erwirbt. Sammlungen nationalen Kulturbesitzes kann nur ausführen, wer von einem Beamten nach Inspektion der Gegenstände ein Genehmigungsschreiben erhalten hat. Diese Kontrolle unterliegt dem Public Museum in Port Moresby. Das Museum hat das Recht, traditionelles Kulturgut und archäologisches Material gegen Erstattung der dem Sammler erwachsenen Spesen in Besitz zu nehmen. Prinzipiell erhalten nur international anerkannte Institutionen die

Möglichkeit zur Ausfuhr. Es unterliegt allerdings dem Urteil des Bevollmächtigten, von Fall zu Fall nach eigenem Ermessen zu entscheiden, und die Erteilung von Ausfuhrgenehmigungen ist bisher grosszügig gehandhabt worden. Es war dem Bevollmächtigten eben klar, dass es in vielen Fällen besser war, die Ausfuhr zu gestatten, als das Kulturgut durch schlechte Unterbringung im Lande selbst weiterhin gefährdet zu wissen. In der Regel überliess der Sammler dem Museum von sich aus einen repräsentativen Teil der Sammlung – entweder als Geschenk oder gegen Erstattung der Spesen. In jüngster Zeit melden sich nun immer mehr Vertreter der neuen Papua-Führungsschicht zu Wort, die eine striktere Politik verfolgen und verständlicherweise fordern, dass alles alte Kulturgut im Lande selbst erhalten bleiben muss. Diese Einstellung mischt sich mit Ressentiments gegen die Länder, in deren Museen heute der Hauptteil der papuanischen Kulturmonumente zur Schau steht. So sagte mir ein Papua-Politiker nach dem Besuch eines grossen deutschen Museums: «Ihr Deutsche seid ja wahre Räuber!» Auch wenn seine Bemerkung halb aus Spass fiel, so zeigte sie doch die Grundeinstellung deutlich. Wegen der mitspielenden Emotionen ist es schwer, sachlich zu erklären, dass zwar unsere Kultur verantwortlich für den Kulturwandel ist, dass dieser aber unvermeidbar war und auch von der neuen Papua-Generation bejaht wird, und dass ohne die oft mühevolle Sammlertätigkeit ausländischer Wissenschaftler und anderer der weitaus grösste Teil dieses Kulturgutes heute längst verschwunden wäre. Wir haben es diesen Institutionen sowie den privat tätigen Sammlern zu verdanken, dass die Kunst Neuguineas und anderer unterentwickelter Länder noch so weitgehend gegenwärtig ist.

Wir bejahen das Anliegen der jungen Nation Ost-Neuguinea, möglichst viel vom alten Kulturbesitz im eigenen Land zu hüten, und wir würden es sogar begrüssen, wenn Museen in Übersee wieder einige Objekte aus ihren reichen Beständen an das Ursprungsland zurückgeben würden, doch müsste dies als Entgegenkommen, nicht als Akt der Wiedergutmachung betrachtet werden, und vor allem: Neuguinea muss zunächst in der Lage sein, eine sichere Unterbringung der Monumente zu gewährleisten. Schon vor dem Zweiten Weltkrieg existierte in Port Moresby eine Art Museum, doch verschwanden seine Bestände an wertvollen Objekten aus heute längst zivilisierten Regionen wie etwa dem Gogodala-Gebiet in Papua während der Kriegsjahre in alle Winde. Erst 1964 konnte ein neues Museum in einen Seitentrakt des neu erbauten House of Assembly einziehen. In den Jahren seines Bestehens – es wurden auch schon vor 1964 Gegenstände dafür zusammengetragen – hat diese Institution und das angeschlossene Provinzmuseum in Goroka eine sehr beachtliche Sammlung vereint. Der Präparator des Museums hat selbst gutes Material im Gelände gesammelt, dazu kamen Schenkungen von Expeditionen und Privatleuten, Sammlungen, die Militär und Administrationsbeamte von Patrouillen mitbrachten, sowie Stücke, für die keine Exportgenehmigung erteilt wurde.

Allerdings kann das Museum in keiner Weise den dringenden Aufgaben gerecht werden. Noch 1970 hatte das Museum keinen Direktor, keinen Kurator für Völkerkunde, kein Feldpersonal. Der seit der Gründung das Museum allein leitende «Preparator in Charge» wurde nur von einer Sekretärin und Papua-Assistenten in seiner vielfältigen Arbeit unterstützt. Diese umfasst Sichten, Konservieren und Katalogisieren der Sammlungsstücke, Inspektion von Sammlungen, für die eine Exportgenehmigung beantragt ist, Aufbau der Schausammlung, administrative Arbeit, zoologische Präparation und, meist in der Urlaubszeit, Sammelexkursionen ins Gelände. Die Ausstellungsräume sind zwar räumlich beengt, zeigen aber mit viel Sorgfalt arrangiertes Material. Die Magazinräume, ursprünglich für andere Zwecke gebaut, sind viel zu klein, um das viele, teils sehr zerbrechliche Gut, das dichtgedrängt darin lagert, sicher zu beherbergen. Der Museumsetat reicht kaum aus, um die allerwichtigsten Anschaffungen zu machen, geschweige denn grössere Sammlungen anzukaufen. Erst 1971 erhielt das Museum einen Direktor.

Eine so dürftig von der Regierung ausgestattete Institution ist in keiner Weise in der Lage, die Erhaltung des kulturellen Erbes von Neuguinea zu gewährleisten. Es wäre gefährlich, in diesem Stadium ausländische Museen daran zu hindern, kulturschützerisch im Lande tätig zu sein. Was heute nicht gesammelt oder durch Sicherung an Ort und Stelle bewahrt wird, ist morgen verschwunden; das muss aus den vorstehenden Seiten klargeworden sein. Wir kennen Regionen, aus denen fast kein Material in Museen gelangte, die heute aber bereits so weit zivilisiert sind, dass im Gelände keine Kulturmonumente überlebten, zum Beispiel im westlichen Papua. Wohl besagt die gesetzliche Verordnung, dass jede Beschädigung, Zerstörung oder andere Entstellung von nationalem Kulturbesitz unter Strafe steht. Doch wer in den Dörfern weiss davon, wer andererseits übt Kontrolle darüber aus, dass tatsächlich kein Schaden geschieht? Die Universität bemüht sich in Zusammenarbeit mit dem Museum, wenigstens von den unbeweglichen Kulturmonumenten, vorgeschichtlichen Fundstellen in

Höhlen usw. ein Verzeichnis anzulegen. Wohl hat die Universität eine rege Diskussion über die Zukunft des Kulturbesitzes angefacht, doch solange selbst Regierungsbeamte zuerst daran denken, sich eine ansehnliche Privatsammlung zuzulegen, oder aber der Kultur neutral bis negativ gegenüberstehen, solange in Neuguinea Missionen arbeiten, zu deren Praktiken es gehört, die Papuas zu erpressen, indem sie einem Dorf erst dann eine Schule in Aussicht stellen, wenn die Leute ihre alten Schnitzwerke verbrannt haben – so geschehen im westlichen Papua –, so lange kann nur schnellste Schaffung eines starken «National Museum» und weitreichender Kontrollorgane das noch in den Dörfern verstreute Kulturgut retten, in Zusammenarbeit mit den Fachinstitutionen in Übersee.

Der Ausverkauf und die Vernichtung der Kultobjekte in den künstlerisch hochstehenden Gebieten ist bereits so weit fortgeschritten, dass von den eigentlichen «Kunstwerken» im Gelände nicht mehr allzuviel zurückgeblieben ist. Doch besteht ja die materielle Kultur nicht allein in diesen attraktiven Objekten. Das schlichte Gebrauchsgut des Alltags ist für die wissenschaftliche Dokumentation der regionalen Verschiedenheit, der grossartigen Anpassung an die Umwelt und Fertigkeit in der Herstellung mit einfachsten Mitteln ein nicht minder würdiges Sammelgut. Dieses sogenannte «ethnographische Material» wurde in der Sammlertätigkeit häufig stark vernachlässigt. Selbst hinsichtlich so bekannter und vielbereister Gegenden wie des Sepik-Gebiets bestehen noch viele Wissenslücken über das ganze Spektrum der materiellen Kultur. Ich könnte allein für das westliche Papua mehr als ein halbes Dutzend Kulturgruppen aufzählen, in deren Gebiet bisher überhaupt noch nie oder nur lückenhaft die Gegenstände des Alltags gesammelt worden sind. Auch hier ist dringende Eile geboten: 1966 sammelten wir das Alltags- und Kultgut der Bosavi-Papuas südlich des Zentralgebirges in einer damals fast unberührten Region, die vor uns nur vier Regierungspatrouillen besucht hatten. Monate später liess sich ein Anthropologe bei dieser Papuagruppe nieder, um sich über ein Jahr bei ihnen aufzuhalten; trotzdem konnte er gut ein halbes Dutzend Typen von Gegenständen, die wir gesammelt hatten (Tanzschmuck, Musikinstrumente und anderes), nicht mehr auftreiben. So rasch hatte der Kulturverfall eingesetzt.

Natur- und Kulturschutz als Einheit

Die grossen internationalen Naturschutzorganisationen kümmern sich nicht viel um die Monumente traditioneller menschlicher Kultur; sie sind mit ihrem engeren Aufgabenbereich voll ausgelastet. Auf der anderen Seite existierten bisher ausser der UNESCO nur zwei Organisationen, die sich weltweit der Erhaltung bedrohter Kulturgüter annehmen. Sonst gibt es nur nationale Körperschaften. Die Natur- und Kulturschutzbewegungen arbeiten ohne sonderliche gegenseitige Kontakte.

Wie nachteilig sich diese mangelnde Kooperation auswirkt, möge an einem Neuguinea ganz fernliegenden Beispiel deutlich werden: Im Westen der Insel Kreta hat die griechische Regierung vor wenigen Jahren einen Nationalpark für die Kretaziege *(Capra aegagrus cretica)* und ihren grossartigen Lebensraum, die Weissen Berge, eingerichtet. Die Bewohner des im Zentrum der Berge liegenden Dorfes Samaria mussten dabei ihre Heimat verlassen (weil sie hauptsächlich von Hausziegenhaltung lebten), und das Gebiet wurde der Forstbehörde zur Verwaltung übertragen. Dadurch kamen auch die Kulturgüter in die Obhut der Forstleute: das Dorf mit seinen im uralten Bergstil errichteten Häusern mit Schiessscharten, aus Erde gestampften Flachdächern und traditionellem Hausrat sowie fünf kleine Kirchen, von denen die bedeutendste, Osia Maria, mit Fresken ausgemalt ist und die Jahreszahl 1379 trägt. Die sieben Häuser sind inzwischen grösstenteils verfallen, bis auf ein Haus, das für den Ziegenwächter mit moderner Fassade und Steildach umgebaut wurde. Die wichtigsten der Kirchen dagegen renovierte das Forstamt sehr gründlich, zerstörte dabei jedoch die äussere Architektur zumindest bei der Kirche Osia Maria durch Zementummantelungen und den Bau eines aus dem gleichen Material gefertigten Vorhofs. Es mag paradox klingen, dass hier mit dem Einsetzen des Schutzes für die Natur die altehrwürdigen Kulturdenkmäler dem Verfall preisgegeben oder andererseits durch unsachgemässe Restauration entwertet wurden. Dabei hätte im Bereich der Weissen Berge, die in den Freiheitskriegen als Refugium und christliche Festung eine historisch bedeutende Rolle spielten, die andererseits überwältigende Naturschönheiten bergen, ein echter *National*park entstehen können. Entsprechend der gegenwärtigen Definition von «Nationalpark», 1969 formuliert von der Internationalen Union für Naturschutz auf ihrer Zehnten Generalversammlung in Neu-Delhi, sind der Mensch und seine Kultur nicht Gegenstand des Schutzes in solchen Gebieten; Nationalparks sollen allein für die Naturgüter eingerichtet werden. Wir setzen uns nachdrücklich dafür ein, dass unbewegliche Monumente menschlicher Tradition, zum Beispiel Profan- und Sakralbauten, archäologische Fundstationen, aber auch ganze historische Siedlungen als integrierte Bestandteile von Nationalparks gelten, die sachkundig, in Koordination mit der Verwaltung der Naturgüter, von einer gemeinsamen Institution behütet werden. Aber warum sollte man den Menschen selbst prinzipiell ausschliessen? Viele Volksgruppen ursprünglicher Kulturen, wie etwa die Bosavi- oder Golf-Papuas in Neuguinea, stören in keiner Weise das Naturgeschehen, solange sie etwa unter dem Modell, wie es im Abschnitt «Schutzgebiete» des Kapitels «Umweltschutz in Ost-Neuguinea» beschrieben wurde, ihren Lebensgewohnheiten in einem Nationalpark nachgehen können.

Niemand kann und soll Menschen zu einem Leben auf einfacher traditioneller Kulturstufe zwingen, wenn die Leute den Wunsch haben, zu unserer modernen Lebensart überzugehen. Keiner sollte den Versuch machen, ein unzeitgemässes Museum für lebende Menschen in der Wildnis einzurichten! Aber: der Zwang liegt häufig gerade auf der anderen Seite, Administration und Mission bewegen direkt oder indirekt die Bevölkerung zum Wandel ihrer Lebensweise, auch dann, wenn die Menschen, besonders die ältere Generation, dazu noch gar nicht gewillt sind. Die «forced acculturation», die zwangsweise Akkulturation, welche aus der Überheblichkeit und Intoleranz unserer Kultur gegenüber andersartigen menschlichen Daseinsformen entspringt, hat in Vergangenheit und Gegenwart gewaltige seelische und materielle Schäden hinterlassen. Ich erwähne nur ein mildes Beispiel: die traditionelle Siedlungsform. Meinen papuanischen Gewährsleuten zufolge versuchten die Distriktsbeamten, den an die Umweltverhältnisse angepassten Hausstil durch Zwang zu ändern. Anstelle ihrer aus den Stengeln und Blättern der Sagopalme gefertigten Hütten sollten die Golf-Papuas dauerhafte Häuser aus Holz – in einem Fall sogar mit Wellblech gedeckt – bauen. Am Gama River drohte der Patrol Officer persönlich, das Dorf anzuzünden, wenn bei seinem nächsten Besuch der Aufforderung zum Neubau nicht Folge geleistet sei. Die Folgen der Neuerung waren nicht nur der Verlust der wohlproportionierten, schönen und zweckmässigen alten Haustypen sowie Kostenaufwand für Schnittholz und Nägel – im Extrem sogar für Wellblech –, sondern auch ungesundere Wohnbedingungen, da durch die neuen, mit grossen Fensteröffnungen versehenen Häuser in der Regenzeit der Zugwind bläst und Erkrankungen der Atemwege verursacht und die dauerhafte Bauweise zu stärkster Verschmutzung der Wände, Böden usw. führt, während früher alle paar Jahre eine neue Hütte gebaut werden musste, da die alte, aus leichtem Material gefertigte, baufällig geworden war. Im Bosavi-Gebiet drängte die Distriktsverwaltung die Bevölkerung, die traditionellen Gemeinschaftshäuser aufzugeben, in denen alle Familien eines Dorfes lebten. Dadurch wird die soziale Struktur in ihren Grundfesten schnell zerstört – wie im Abschnitt «Mt. Bosavi» des Kapitels «Nationalparks für die Zukunft» dargelegt wird.

Warum sollte es den Papuas in den zukünftigen Nationalparkgebieten nicht ermöglicht werden, weiterhin gemäss den althergebrachten Lebensformen zu wohnen, zu jagen und zu ernten? Wir haben ja im Abschnitt «Traditionelle Umweltbeziehung» aufgezeigt, wie sehr diese Verhaltensweisen auf Schonung des biologischen Gleichgewichtes abgestellt sind. Das skizzierte Modell garantiert zudem, dass Spekulanten keinen Einlass finden und eine technologisch orientierte Ausbeutung in den Parks ausgeschlossen ist. Es garantiert andererseits, dass jeder Papua, wenn er den Wunsch hat, sein angestammtes Wohngebiet zu verlassen und mit dem Leben seiner Vorväter Schluss zu machen, in Umsiedlungsgebieten optimale Gelegenheit zu einem Neuanfang findet.

Wir geben uns nicht der Illusion hin, dass durch dieses Verfahren altertümliche Kulturformen für eine weite Zukunft am Leben erhalten werden können. In einigen Jahrzehnten werden vielleicht bereits alle Papuas die Schutzgebiete verlassen haben. Vielleicht aber auch nicht – auf alle Fälle haben dann nicht eine enge Definition von «Nationalpark» und direkter Zwang zu diesem Exodus geführt.

In vielen Ländern der Neuen und Alten Welt leben kleine Restgruppen sehr altertümlicher Rassen und Kulturen, die nahezu ungeschützt von ihren stärkeren Nachbarn verdrängt und allmählich ausgerottet werden. Viele dieser Reliktgruppen geniessen weniger Schutz als beispielsweise die Wildtiere Afrikas. Man denke an die Buschmänner, einige Indianerstämme, an die Weddas und andere Ureinwohner in Ländern Asiens. In Neuguinea existieren mehrere schwache Splittergruppen, insbesondere im Rückzugsgebiet zwischen Küste und Zentralgebirge, kleine eigenständige Sprachgruppen mit zum Teil wenigen hundert Sprechern. Auch diese werden von ihren stärkeren Nachbarn allmählich ausgerottet, verdrängt oder aufgesogen. Für einzelne könnte vielleicht – es wäre immerhin der Prüfung wert – im Areal eines weitflächigen Nationalparks eine bessere Überlebenschance geboten werden, soweit die Leute selbst damit einverstanden sind. Möglicherweise böte ihnen der Park ein Refugium, einen *temporären* Rückhalt, aus dem heraus sie gestärkt sich allmählich in das neue Weltgefüge einordnen könnten.

Es sind unsere Artgenossen, die gezielten Schutzes bedürfen; doch ist gerade diese Eigenschaft wohl ihr Verhängnis, da Artgenossen naturgemäss die grössten Konkurrenten sind, die, wenn sie schwach sind, weichen müssen. Man sollte nichts beschönigen: die heutige Schonung der australischen Ureinwohner zum Beispiel entspringt nicht so sehr einer Wandlung der humanitären Haltung der dominanten Kulturgruppe zum Besseren. Ich meine, wenn die Uraustralier heute noch so zahlreich und vermeintlich konkurrierend im Wege stünden wie zur Pionierzeit, dann würden sie auch heute noch bekämpft, wohl nicht mehr mit Gift und Massenerschiessung, sondern vielleicht eleganter.

Russel E. Train hat im World Wildlife Yearbook 1967 die grossartige Idee eines «World Heritage Trust» entwickelt, in dem der Schutz der bedeutendsten Natur- und Kulturdenkmäler der Erde zusammengefasst werden soll. Die Internationale Union für Naturschutz hat dieses Projekt 1970 aufgegriffen und bereitet eine entsprechende Empfehlung für die 1972 stattfindende «Conference on the Human Environment» der UN, die in Stockholm tagen wird, vor. Hoffentlich wird bei dieser Gelegenheit die Brücke zwischen den Bestrebungen des Naturschutzes und der Erhaltung des Erbes unserer eigenen kulturellen Vergangenheit breit genug geschlagen.

102

50

51

53

Nationalparks für die Zukunft

Noch besitzt Neuguinea keinen Nationalpark. Die australische Administration hat sich bislang davor gescheut, die heikle Landbesitzfrage für die Belange des Naturschutzes aufzuwerfen, von dem sie keine kurzfristigen wirtschaftlichen oder für ihr innenpolitisches Image dienlichen Vorteile erwartet.

So wird es ganz der jungen Papua-Regierung vorbehalten bleiben, ihr nationales Erbe grandioser Naturlandschaft, kostbarster Tierarten und die verbliebenen unbeweglichen Monumente der kulturellen Vergangenheit in grossflächigen Nationalparks dauerhaft unter Schutz zu stellen. Es wird der Stolz dieser ersten Generation bodenständiger Politiker sein, beispielhaft für andere junge Staaten aus der ursprünglichen Naturverbundenheit heraus ein Nationalparksystem zu schaffen, das repräsentative Ausschnitte aus den typischen Landschaften der Insel umfasst. Es muss aber auch als unabweisbare Pflicht dieser Gründergeneration der Nation verstanden werden, dass die unermesslich reichen Naturgüter Neuguineas für eine weite Zukunft gesichert bleiben. Die Nachkommen werden dankbar denen ein Denkmal setzen, die jetzt weitschauend handeln. Die grossen Naturschutzorganisationen der Welt werden aufmerksam verfolgen, wie Neuguinea seinen eigenständigen Weg in die Zukunft geht, und sie werden ihm ohne eigennützige Vorbedingungen helfend zur Seite stehen.

Noch ist es nicht zu spät. Noch können Parks dort angelegt werden, wo Regierung und Naturschutzexperten es für richtig erachten. Noch muss man sich nicht mit den Resten ursprünglicher Landschaft begnügen, die wegen ihrer wirtschaftlichen Ertragslosigkeit oder zufällig von der allgemeinen Erschliessung des Landes verschont geblieben sind, einer Entwicklung, die leider verkennt, dass es in der Zukunft gerade die Naturlandschaften sein werden, die dem Land wertvolle Devisen bringen – durch den aufblühenden Tourismus.

Die verantwortlichen Papua-Politiker zeigen eine ermutigende Bereitschaft zur Verwirklichung des Nationalparkgedankens, ausgehend von der richtigen Einschätzung der natürlichen Reserven ihrer Heimat für das nationale Prestige und die wirtschaftliche Stärke Neuguineas. Auf der bevorstehenden Informationsreise führender Politiker in die Nationalparks Ostafrikas wird diese Tragweite für die Zukunft des Landes klar vor Augen treten. Wo der erste Nationalpark Neuguineas entstehen wird, ist noch unbestimmt. Wir haben in Abstimmung mit dem National Parks Board in Port Moresby fünf Gebiete vorgeschlagen, die einen repräsentativen Querschnitt durch die bedeutendsten Ökosysteme der Insel gäben. Im folgenden werden vier davon vorgestellt. Das fünfte Gebiet – tropische Inseln und Atolle in der Korallensee östlich Neuguineas – ist nicht spezifisch papuanisch; Werke über das Grosse Barriereriff des benachbarten Australiens können davon einen Eindruck vermitteln.

Das Kerewo-Turama-Gebiet

Zur Gründung eines Nationalparks müssen drei Voraussetzungen erfüllt sein: erstens das Einverständnis der lokalen Bevölkerung mit dem Projekt, zweitens die Bereitschaft führender Politiker zu seiner Verwirklichung und drittens das Vorhandensein ausreichender Geldmittel zu seiner Durchführung. Alle sind für das Projekt am Golf von Papua gegeben. Die Landbesitzer der Region, vertreten durch das Local Government Council Kikori, haben uns mündlich und brieflich ihre Bereitschaft zur Mitarbeit zugesagt, der Politiker Albert Maori Kiki, Sekretär der einflussreichsten politischen Partei und selbst vom Golf stammend, hat von sich aus vorgeschlagen, dass am Golf der erste Nationalpark Neuguineas entstehen soll, und der World Wildlife Fund und die Frankfurter Zoologische Gesellschaft von 1858 haben Geldmittel für den Park in Aussicht gestellt. Dessenungeachtet zögert die australische Administration die Durchführung hinaus, da – wie verlautete – erst ein Gesamtplan für Neuguinea erarbeitet werden soll, um ganz sicherzugehen, dass zunächst alle bedeutenden Landschaften Neuguineas erfasst und daraus die tatsächlich geeignetsten Parkgebiete ausgewählt werden. Freilich will die Administration gleichzeitig klären, ob die fraglichen Gebiete nicht auch wirtschaftliche Potentiale bergen, die höher als der Nationalparkgedanke bewertet werden und mit ihm unvereinbar sind. Das National Parks Board untersteht dem Department of Lands, das gleichzeitig für Bergbau und Ölförderung zuständig ist. Weiterhin hat das Board Verbindungen zum Department of Forests, dem an einer maximalen Nutzung der Holzreserven liegt. Dieser Interessenkonflikt wirft schwere Schatten.

Auf der ganzen Erde sind die vom Wasser beherrschten Lebensräume ganz besonders gefährdet: Verseuchung durch Industrieabwässer und andere Abfallstoffe sowie Ölpest bedrohen das Leben in Flüssen, Seen und küstennahen Meeresteilen; Trockenlegung vernichtet Sumpf- und Moorlandschaften. Am stärksten betroffen sind küstennahe Sümpfe und Flussdeltas, da hier alle genannten Faktoren zusam-

menwirken können. Durch die Gezeiten werden Öl und andere Stoffe vom Meer her
bis weit hinein in die verzweigten Gewässersysteme der Deltaregionen getragen, aus
den Flüssen gelangen direkt Industrieabwässer und anderes Material in die Sumpf-
gebiete im Mündungsbereich, wo sie sich wegen der geringen Fliessgeschwindigkeit
ablagern und anreichern, und vom Land her versucht der Mensch durch Dränage
und Aufschüttungen das scheinbar für ihn wertlose Sumpfgelände zu «kultivieren».
Dabei ist dieser vom Brackwasser beherrschte Lebensraum eines der faszinierend-
sten Ökosysteme überhaupt, überaus reich an Organismen mit besonderen Anpassungen an die amphibische Lebensweise und für ziehende Wasservögel Nahrungs-
raum von überregionaler Bedeutung.

Am Golf von Papua liegt die bedeutendste Deltalandschaft Ost-Neuguineas. Zwischen dem mehr als 50 km breiten Mündungstrichter des Fly River und den drei
mächtigen Armen des Purari River erstreckt sich, 250 km entlang der Küstenlinie,
ein zusammenhängendes System breiter Ströme, verbindender Kanäle und ein ver-
wirrendes Netz kleinerer Wasserwege, die das alluviale Schwemmland in zahllose
grosse und kleine Inseln zerteilen. Küstenwälder, Mangroven, weiter landeinwärts Nipa- und Sagopalmenbestände und Sumpfwälder verschiedener Zusammensetzung stehen auf dem schlammigen Untergrund, der während der Spring-
gezeiten bis auf wenige höher gelegene Stellen ganz überflutet wird.

Wenn zur Regenzeit der Südost-Passat auf das Land steht, rollen die von mitge-
führten Schwebeteilchen braungetrübten Fluten gegen den schwarzen Sand der
Küste, werfen die bizarren Wurzelgebilde der Mangroven und Stämme des Küsten-
waldes in weissem Gischt zu Haufen und schieben sich überschlagend gegen die
Wassermassen der Flüsse. Schlamm- und Sandbänke werden abgetragen, andere
entstehen neu durch Verlagerung der Strömungen; ganze Inseln mitsamt ihrem
Baumbestand verschwinden innerhalb weniger Wochen. Schwül lastet die mit Was-
serdampf gesättigte Luft über dem Strand, aus dem bei Niedrigwasser Tausende
winziger Krabben auftauchen, um ihre geometrischen Muster aus Sandkügelchen
zu bauen, bis dann die nächste Flut wieder alles verwischt. Weit geht der freie Blick
hier draussen am Meer, die Konturen der Baumkronen jenseits der Flussarme
heben sich nur als feine dunkle Linien vom silbergrauen, blendendhellen Wolken-
himmel ab, der sich da und dort zu bleischwarzen Gewitterwänden verdichtet.
Vereinzelt hängen Regenfahnen an den Wolken, deren Näherrücken sich durch

das schwere Prasseln des tropischen Gussregens auf das Blätterdach des Waldes ankündigt. Fünf bis sechs Meter Niederschläge fallen im Golf jährlich.

Mehr als 3000 km waren wir zwischen 1959 und 1970 auf den Flüssen, entlang der Küste und auf den unter den Wedeln der Nipapalmen verborgenen Verbindungskanälen unterwegs. Im offenen, traditionellen Einbaum, angetrieben durch einen Aussenbordmotor, fuhren wir bei strahlender Sonne und durch stundenlange Gewitterregen, die einem fast die Sicht nahmen und uns steif vor durchdringender Nässe und Kälte werden liessen, tags und in mondhellen Nächten, mit den Gezeitenströmen oder dagegen ankämpfend, durch das Delta. Beim Kreuzen der offenen Mündungsarme drohten oft hereinbrechende Wogen das tief im Wasser liegende Kanu zu füllen; es war ein ständiges Ausweichen vor den anrollenden Wellen, ein Beschleunigen und Wiederabbremsen, um die Kanunase über Wasser zu halten. Sandbänke und unsichtbar unter Wasser treibende Baumstämme schlugen manchmal hart an den Boden des Einbaums und liessen ihn beinahe umschlagen – Meilen entfernt vom Ufer, Tagereisen entfernt von der nächsten Ansiedlung. Doch wirklich kritisch wurde es nur selten, zum Beispiel dann, wenn beim Gezeitenwechsel Flussströmung und Flut im Mündungsbereich zusammenstiessen und ungerichtete Wellenberge aufwarfen, gegen die sich das Kanu von jeder Seite gleich schwer manövrieren liess. Oder als ich im August 1968 mit zwei papuanischen Freunden den Turama River überquerte: Der Passatwind stand direkt auf die an dieser Stelle mehr als 30 km breite Mündung des Stroms, dessen jenseitiges Ufer unter dem Horizont lag. Nur die Insel Morigi im Fluss war als schwacher Strich in der Ferne erkennbar. Wir nutzten die Zeit der schwächsten Luftbewegung in den ersten Morgenstunden und nahmen zunächst Kurs auf Morigi, um dort abzuwarten, falls der Wind zu stark werden sollte. Doch schon wenige Kilometer vom Ufer entfernt kamen Wogen auf, die uns zur Kurskorrektur zwangen: wir mussten nun direkt auf das jenseitige Ufer zuhalten, dicht an Morigi vorbei. Mit fast voller Geschwindigkeit steuerten wir den mächtigen Einbaum schräg gegen die Wogen, damit der Bug hoch genug über dem Wasser lag. Dennoch kamen Wellen über Bord und wir schöpften, soviel wir konnten. Daneben mussten wir das Gefährt in Balance halten und die Bordwände mit dem Körper stützen, denn wenn die Brecher gegen den Rumpf schlugen und ihn anschliessend schwer in die Wellentäler fallenliessen, drohte der Stamm zu zerreissen. Schon zeigten sich Risse entlang der Seiten, die rasch weiterwuchsen und zunehmend Wasser einströmen liessen. Wir zerfetzten ein Handtuch und stopften mit einem Messer die Streifen fest in die Lecks. Zwei lange Stunden dauerte der Kampf, bis wir in das ruhigere Wasser des Gama River jenseits des Turama einfahren konnten. Doch der Rückweg einige Tage später war nicht weniger abwechslungsreich: Um den Wellen im Mündungsbereich des Turama aus dem Wege zu gehen, fuhren wir den Gama eine Tagereise weit hinauf und versuchten von dort durch einen Verbindungskanal wieder zum Turama vorzustossen, der hier weiter stromaufwärts nicht mehr so breit wie im Mündungsgebiet ist. Doch das Flüsschen, das den Gama mit dem Turama verbindet, ist sehr seicht. Bald konnten wir nur mehr die Paddel zur Fortbewegung gebrauchen, da der Motor ständig auf Hindernisse am Grund stiess. Wir mussten ihn abmontieren und ins Kanu legen, aber Minuten später, noch ehe wir ihn richtig gelagert hatten, schlug ein quer über den Fluss stehender Baumfortsatz beim Vorbeifahren den Handgriff mit der Schaltung ab. Wir fuhren ein Stück weiter, doch bald darauf setzte Ebbe ein, der Fluss lief leer und wir hatten nun viele Stunden Zeit, aus Holz und dem Drahtgriff unserer Petroleumlampe einen dauerhaften Verbindungssteg zwischen dem Motor und seinem Handgriff zu konstruieren. Er tat bis zum Ende der Reise voll seinen Dienst. Mit der Rückkehr des Wassers bei Flut setzten wir die Fahrt fort, doch kamen wir nicht weit, denn der Flusslauf beschrieb nun einige starke Mäanderschleifen, um die unser Einbaum wegen seiner gut vierzehn Meter Länge nicht herumfahren konnte. Wir holten Leute aus einem Buschlager der Papuas und begannen mit ihrer Hilfe die Ufer abzugraben und Bäume zu fällen, um die Kurven zu erweitern. Zweimal hatten wir Erfolg, doch dann versperrte eine Haarnadelkurve das weitere Vordringen. Diesmal schlugen wir eine Schneise durch den Wald zwischen den Schenkeln der Flussbiegung und schoben Stück für Stück den schweren Bootsrumpf auf Rollen über Land. Längst herrschte tiefe Nacht, alle, die Papuas wie ich selbst, sahen gleich gelb aus vom Lehm, mit dem wir von oben bis unten verschmiert waren. Auf seiner Landpartie knackte das Holz des bei der Turama-Überquerung stark angeschlagenen Gefährts, da es nur an wenigen Stellen von unten gestützt war. Durch Querversteifungen hielten wir den Rumpf jedoch zusammen, bis er wieder im Wasser lag. Nach siebzehn Stunden Arbeit kamen wir gegen Morgen am Turama an. Die Flüsse an der Westseite des Golfes sind berüchtigt wegen ihrer gefährlichen Flutwelle, die beim Einsetzen der Flut von der Mündung aus flussaufwärts wandert.

Das in den Trichtermündungen des Turama, Gama und Bamu zusammenströmende Flutwasser staut sich im zunehmend enger werdenden Hals der Flüsse gegen deren Strömung auf und bildet eine stufenförmige Wasserfront mit einem Niveauunterschied von maximal drei Metern zur Zeit der Springfluten (nach W. N. Beaver), die laut tosend in die Oberläufe hinaufwandert, bis zum Beginn der Stromschnellen am Rande des Hügellandes. Wir sind einmal vom Meer her auf dem Gama einer solchen Flutwelle, die von den Papuas «Saragi» genannt wird, nachgefahren: von rückwärts kommend, ist dies kein Wagnis, da die Wasserfläche oberhalb der Wassertreppe keine grösseren Wellen aufwirft. Es machte uns grossen Spass, auf dem Saragi zu reiten, indem wir das Kanu so weit nach vorn steuerten, dass sein Bug bereits über seinen Rand hinaus in die Luft stand.

Wehe aber dem Boot, das sich vor der Flutwelle befindet. Es ist wie in einer Falle gefangen, und die alten Reisebeschreibungen aus dem Golf schildern drastisch einige Unglücksfälle, bei denen sich die Wogen mit wilder Gewalt über fest verankerte Boote warfen, sie umschlugen und schwer beschädigten. Zum Glück kündigt sich der Saragi schon etwa eine halbe Stunde vorher durch das immer näher kommende Tosen des Wassers an; auch wissen die Papuas genau über die Zeiten seiner Ankunft Bescheid. Am Gama mussten wir einmal das Kanu vor einem Saragi schnell ganz ausladen und alles Gepäck hoch hinauf in den Wald tragen, da sich die Flutwelle weit die Ufer hinaufschiebt. Das Kanu selbst verankerten wir an der tiefsten Stelle im Innern eines scharfen Flussknies. Den Saragi vom sicheren Ufer aus heranrollen zu sehen, ist ein grandioses Naturschauspiel. Und war gerade noch der Fluss abwärts zum Meer geströmt, so wälzen sich in seinem Gefolge die braunen, aufgewühlten Wassermassen stromaufwärts, bis zum erneuten Einsetzen des Gezeitenwechsels, der unmerklich wiederum eine Änderung der Strömungsrichtung bringt. Der Einfluss der Gezeiten reicht auf den grossen Strömen über hundert Kilometer ins Landesinnere. Hoch- und Niedrigwasser und der Wechsel der Strömungsrichtung bestimmen den Lebensrhythmus des Deltas, der Tiere ebenso wie der Menschen.

Auf den Sand- und Schlammbänken vor den Flussmündungen liegt das Reich der Seevögel: Pelikane ruhen weit draussen auf flachen Inseln, Seeschwalben und zur Zugzeit ein Heer nordischer Strandläufer und anderer Watvögel mit ihren Rufen, die uns Europäern heimatlich vertraut sind, beleben auch die Küste und die bei Ebbe offen liegenden Schlickflächen der Flussufer. In Bäumen hinter dem Strand sitzen einzeln und in kleinen Gruppen Löffler und Ibisse. Die grossen Seeschildkröten suchen die weiten Strände zur Eiablage auf, und früher waren auch Leistenkrokodile noch zahlreich. Mehr im Inneren der Mündungstrichter und in den breiten Kanälen lebt die altertümliche Papua-Weichschildkröte *Carettochelys.*

Nipapalmen säumen die Brackwaser führenden Flüsse landeinwärts; ihre bis zu acht Meter langen Wedel trennen die Schlickflächen am Ufer vom Sumpfwald. Schlammig ist auch dort der Untergrund, und bei Hochflut bedeckt Wasser die bizarren Wurzelgebilde am Boden. Im Dämmer dieser Sumpfwälder mit ihren eingestreuten Beständen der Sagopalme liegen Modergeruch und brütende Feuchtigkeit in der Luft. Gasblasen lösen sich dumpf blubbernd aus dem Schlick, gedämpft klingen die Stimmen der Zikaden und die Rufe der Tauben und Kleinvögel. Nur die rauhen Schreie der Kakadus und Edelpapageien durchdringen diese Atmosphäre. Im kleinen, wendigen Kanu, behutsam von Paddeln gelenkt, tauchen wir ein in dieses fremdartige Reich, aus der grellen Helligkeit auf dem Fluss, durch ein mit den roten Blütentrauben des D'Albertis-Schlingers *(Mucuna)* verhangenes Tor. Auf den Schlickflächen direkt neben dem Kanu führen die Männchen der amphibischen Schlammspringer *(Periophtalmus)* ihre territorialen Kämpfe auf, drohen einander breitseits mit auffällig ausgebreiteter Rückenflosse an. Dazu leuchtend rote, hellblaue und gelbe Krabben, ebenso bunte Winkerkrabben, mit einer vergrösserten Schere gegenüber den Artgenossen ihre Gegenwart signalisierend, gelegentlich eine seitlich über den Schlick sich windende Wassernatter *(Enhydrina)* oder, erhöht über dem Wasser auf einem Ast ruhend, ein Waran *(Varanus indicus).*

Weiter landeinwärts, dort, wo festerer Lehmboden das alluviale Schwemmland ablöst, nimmt der Reichtum an Vögeln nochmals zu: Krontauben und mehrere Arten prächtig gefärbter Fruchttauben, Scharen laut lärmender Loris, andere Papageien, Nashornvögel, Kasuare. In diesen Wäldern nahe den Flüssen ist der unverkennbare Ruf des Fadenhopfs oder Zwölffädigen Paradiesvogels *(Seleucidis melanoleuca)* noch häufig zu hören. Versteckt im Unterholz, hie und da als flammroter Schimmer kurz aufleuchtend, lebt hier auch der Königsparadiesvogel *(Cicinnurus regius).* Am frühen Morgen und gegen Abend dringen die vertrauten Rufe einer Gruppe Männchen von Raggis Grossem Paradiesvogel *(Paradisaea apoda raggiana)* aus der Krone eines alten, exponiert stehenden Urwaldbaumes. In solchen Baumriesen lebt hier im Hinterland des Golfes, sehr versteckt und nur von wenigen Europäern jemals gesehen, der von den Papuas gefürchtete Papua-Waran *(Varanus salvadorii)*. Die Pfahlbaudörfer der Golf-Papuas sind ein integrierter Bestandteil der Deltalandschaft. Früher lagen sie versteckt vor Feinden an den kleinen Verbindungskanälen, wurden aber allmählich alle an die offenen Flüsse verlegt. Schwankende Bohlenstege verbinden die Häuser im Dorf. Im Schlamm des Deltas gibt es kaum Wege auf festem Boden. Flüsse und kleine, im Wald verborgene Wasserstrassen, für Fremde ein Labyrinth von Irrwegen, führen zu den bescheidenen Kokospflanzungen, Sagoplätzen und kleinen Tarogärten im Busch. Im Kanu aufrecht stehend, paddeln die Männer mit den Frauen bei aufsteigender Flut zu den Pflanzgärten im Hinterland und kehren mit dem Ebbstrom am Abend oder in der Nacht wieder heim. Vor dem Queren der weiten Wasserflächen erhöhen sie den Bugrand des Einbaums mit Lehm, um die Wellen abzuhalten. Im Sumpfwald bereiten die Frauen Sago aus dem Mark der Palmstämme, oder sie tasten mit einfachen Stülpkörben den Ufersaum bei Ebbe nach Krabben und im Schlamm verborgenen Welsen ab. Krabben waren früher ein wichtiger Tauschartikel für die Hinterland-Papuas. Die doppelt handgrossen Tiere wurden mit Blattstreifen gefesselt und zuvor die spitzen Endglieder der Beine in die weichen, ungeschützten Gelenkhäute am Ansatz der jeweils davorliegenden Extremitäten gestossen. Dadurch lähmte man die Muskeln der Beine und Scheren und fertigte eine bewegungsunfähige Lebendkonserve, die viele Tage lang frisch blieb.

Wir haben vorgeschlagen, das Kernstück des Golfgebietes, ein Areal von 1600 km² Land- und Wasserfläche zwischen Gama River im Westen und Kap Blackwood im Osten, zum Nationalpark zu entwickeln. Dieser Plan ist von der Distriktverwaltung in Kikori positiv aufgenommen worden: Die Beamten versuchen schon seit Jahren, die – grob geschätzt – 1500 Papuas dieser Region zur Umsiedlung weiter landeinwärts zu bewegen, da das Deltaland sehr ärmliche Lebensverhältnisse bietet und eine Kontrolle der weitverstreuten und zur Zeit des Südost-Passats sehr schwer erreichbaren Dörfer kaum möglich ist. Im Hinterland stünde gutes Gartenland für intensive, modern ausgerichtete Bewirtschaftung zur Verfügung. Zur Durchführung des Projekts fehlten der Administration bislang Geld, Fachleute und vor allem das Einverständnis der Dörfer. Wenn nun Naturschutz und Distriktverwaltung zusammenarbeiten würden, nach dem Entwicklungsmodell, wie es im Abschnitt «Schutzgebiete» des Kapitels «Umweltschutz in Ost-Neuguinea» kurz skizziert und im genannten World-Wildlife-Fund-Bericht ausführlich erläutert worden ist, können sich die Erfolgsaussichten beträchtlich erhöhen. Auf meiner letzten Reise im Golf 1970 habe ich durch die jahrelangen persönlichen Beziehungen und durch meine Mitglied schaft in der Sippe des Präsidenten des Local Government Council Kikori erreicht, dass die lokale Bevölkerung dem Entwicklungsplan zum Nationalpark gemäss dem genannten Modell fest zustimmt. Nun liegt es an der Zentralverwaltung in Port Moresby, diese Bereitschaft und die Fürsprache des Politikers Albert Maori Kiki zu nutzen.

Dabei ist keine Zeit zu verlieren. Schon zeichnet sich eine Zerstörung der Waldfront entlang Flussufern durch Holzschlag ab, wodurch die Kulisse auf weite Strecken hin verändert und das nun nicht mehr hinreichend durch Wurzeln verankerte Bodenmaterial weggeschwemmt wird. Es sollen auch Pläne vorliegen, die Nipapalmenbestände entlang der mehr küstennahen Flussstrecken zur Gewinnung von Alkohol und einer Art «Spargel» aus jungen Trieben zu nutzen. Noch ist keine Wasserverschmutzung zu befürchten. Seit mehr als zwanzig Jahren suchen australische und andere Firmen nach Erdöl im Golfgebiet, haben aber bisher nur Erdgas gefunden. Neuerdings zeichnet sich ausländisches Interesse auch an den in Küstennähe lagernden Sandbänken ab, die Rutil, Titan und Zirkon enthalten. Am Rande des Deltas, dort, wo eine im Stadium der Projektierung stehende, vom zentralen Hochland kommende Strasse enden wird, soll eine Stadt entstehen. Wir sind trotz all dieser Entwicklungstendenzen der Meinung, dass in dem weiten Raum des Deltas und seines unmittelbaren Hinterlandes ein Nebeneinander von Nationalpark und Entwicklungsprojekten anderer Art durchaus möglich sein wird, wenn frühzeitig die Grenzen zwischen den Einzugsgebieten deutlich und endgültig gezogen werden.

Der internationale Wert eines grossflächigen Nationalparks im Golfgebiet liegt einmal in der Erhaltung einer typisch papuanischen und somit einzigartigen Landschaft, in der Erhaltung von Lebensraum so bedeutender Tierarten wie des Leistenkrokodils, des Zwölffädigen Paradiesvogels, des lebenden Fossils *Carettochelys* und des nur südlich des Zentralgebirges vorkommenden Papua-Warans, ferner in seiner Bedeutung als Winterquartier für wandernde Wasservögel und als Eiablageplatz für Seeschildkröten und nicht zuletzt als Wohnraum für all die ungezählten Krebstiere und andere Wirbellosen, die Fische, Reptilien, Beuteltiere und Vögel, von denen einige bereits in anderen Gebieten der Insel stark dezimiert oder sogar ausgerottet sind; hierzu gehören die Krontaube, der Kasuar, der Nashornvogel und Raggis Grosser Paradiesvogel.

128

57

58

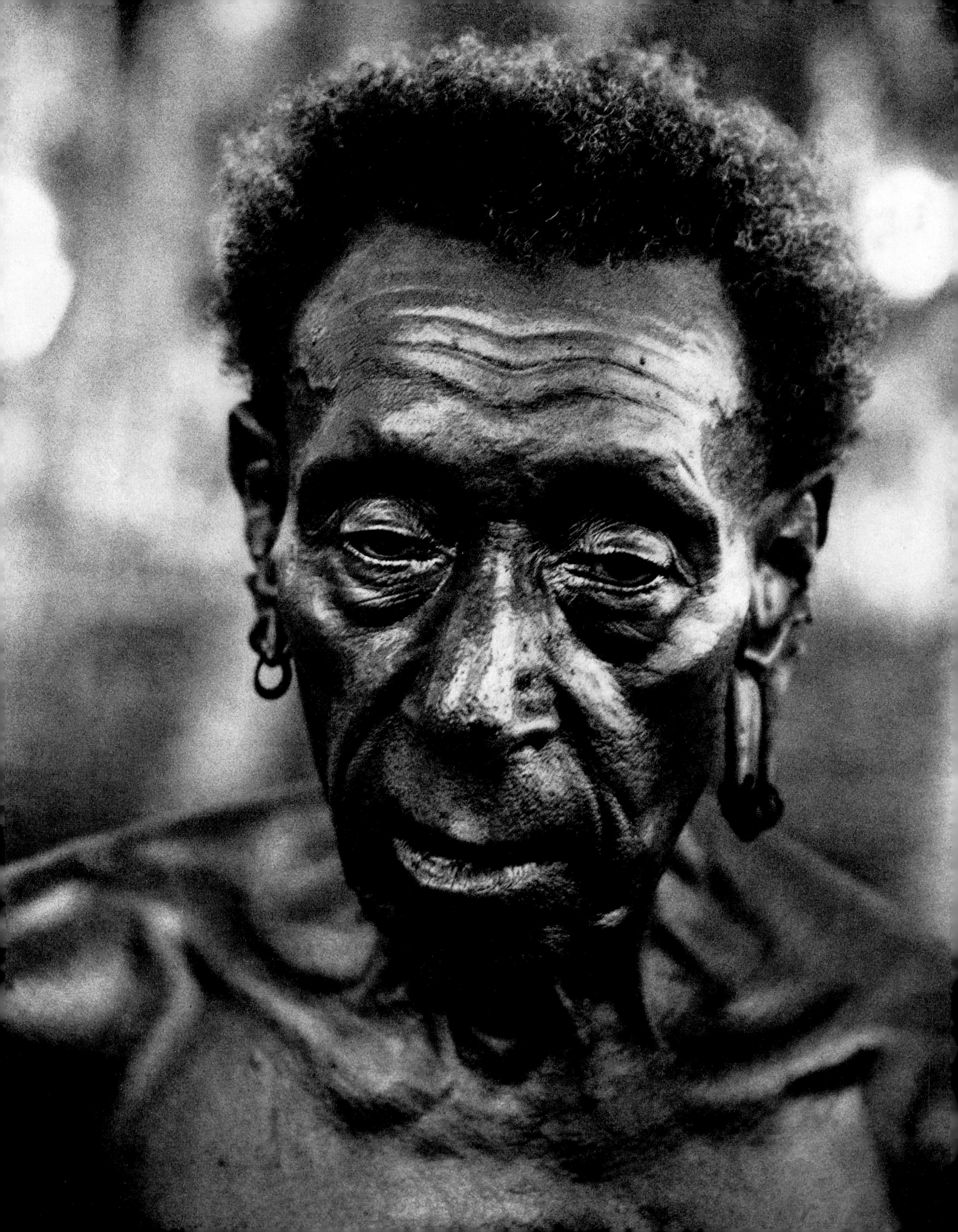

Das Torassi- oder Bensbach-Gebiet

Westlich des Golfs von Papua, jenseits des mächtigen Fly River, schliesst sich an die küsten- und flussnahen Sumpfwälder die bedeutendste Trockenzone Neuguineas an. Die Savanne in dieser Region nimmt schätzungsweise 16000 km² Fläche ein. Grassümpfe, Galeriewälder entlang einiger Wasserläufe, offene Sumpfwälder verschiedener Komposition durchsetzen und umschliessen das trockene Savannen- und Grasland, das allerdings zur Regenzeit weitgehend überflutet wird.

Die Weite dieser nahezu ebenen Landschaft ist für das Auge unabmessbar, und von der Kanzel eines kleinen Flugzeuges aus geht der Blick über parkartig aufgelockertes Waldland, offene Eukalyptussavanne und Grasfluren bis hin zum dunstig verschwommenen Horizont; kaum Spuren menschlicher Besiedelung, nur da und dort weitverstreut einzelne mit Baumrinde gedeckte Hütten, dafür ein Reichtum an Wild, der in Neuguinea ohnegleichen ist: Wallabies, Kasuare, Trappen *(Choriotis australis)*, eingeführte Hirsche *(Cervus timorensis moluccensis)*, in Senken an den auch in der Trockenzeit verbleibenden Wasserstellen und auf den Sumpfflächen Kraniche *(Grus rubicunda)*, Spaltfussgänse *(Anseranas semipalmata)*, Grossstörche *(Xenorhynchus asiaticus)*, Zwergglanzenten *(Nettapus)*, Baumenten *(Dendrocygna)*, Augenbrauen- und Weisskehlenten *(Anas superciliosa, A. gibberifrons)*, mehrere Arten weisser Reiher *(Egretta)*, Schlangenhalsvögel *(Anhinga)*, Purpurhühner *(Porphyrio)* und viele andere Wasservögel.

Die Schönheit dieser eher an das unmittelbar benachbarte Australien erinnernden Landschaft mit ihrem abwechslungsreichen Nebeneinander von trockenen Lebensräumen und wassergefüllten Senken ist bis heute nahezu unbekannt geblieben. Nur sehr wenige Reisende haben sich in diesen abgelegensten Teil des papuanischen Tieflandes verirrt. Es muss zum Anliegen von Naturschützern in aller Welt werden, einen repräsentativen Ausschnitt davon unversehrt zu erhalten. Ich habe bereits 1970 im Bulletin der Internationalen Union für Naturschutz vorgeschlagen, einen Teil des Geländes zwischen Torassi River (= Bensbach) und Morehead River zum Nationalpark zu entwickeln. Vielleicht wird es gelingen, dieses Projekt mit dem Plan des Landwirtschafts-Department in Port Moresby zur Deckung zu bringen, auf der sogenannten Bensbach-Ebene ein Reservat für eingeführte Hirsche einzurichten, in dem dann auch einheimische Fauna geschützt werden soll. Die Stammtiere dieser Population wurden vor Jahren nahe Merauke in West-Neuguinea von Holländern ausgesetzt. Es mag verständlich sein, dass die Australier der Administration, in deren Heimat ursprünglich keine Huftiere lebten und Känguruhs und Emus die grössten Jagdtiere sind, an den Timor-Hirschen besonderes Gefallen fanden. Auch kann dieses Wild als Fleischlieferant für die Bevölkerung Bedeutung erlangen. Doch sollten sich die Verantwortlichen immer vor Augen halten, dass es sich hier um Fremdkörper im ökologischen Gefüge handelt. Ein genauer Zensus und strikter Abschuss bei zu hoher Bestandsdichte sind vordringliche Aufgaben. Auf einigen unserer Flugaufnahmen sind deutlich Spuren von Überweidung und Verletzung der Grasnarbe am Rande von Wasseransammlungen zu erkennen, die nur von den Hirschen herrühren können. Die Bensbach-Ebene hat weitgehend den Charakter einer offenen, von Känguruhgras bestandenen Steppenlandschaft. Dieses Landschaftsbild ist aber sehr wahrscheinlich nicht ursprünglich, sondern wurde durch seit Jahrhunderten von den Papuas praktiziertes Abbrennen des Geländes während der Trockenmonate geschaffen. Viel ursprünglicher sind die benachbarte Eukalyptussavanne und die offenen Trockenwälder, wenngleich auch hier Brände Veränderungen des Vegetationsbildes verursacht haben.

Besonders wertvoll sind dabei die Areale, die während der Regenzeit nicht überschwemmt werden, weil sie naturgemäss eine reichere Bodenfauna besitzen. Solche artenreichere Abschnitte der Trockenzone müssten unbedingt in einen zukünftigen Nationalpark mit aufgenommen werden, auch wenn Experten des Landwirtschafts-Department der Ansicht sind, dass das nicht überflutete Land als potentielles Acker- und Weideland zu wertvoll für Naturschutzzwecke sei. Nach unserer Auffassung kann aber ein Nationalpark zwischen Torassi River (= Bensbach) und Morehead River nur Bestand haben, wenn er ebenso wie die Nationalparks in Ostafrika grossräumig, das heisst mit einer Fläche von mindestens 1000 km², angelegt wird: Im Gefolge der Überschwemmungen müssen Känguruhs und andere Bodentiere wandern und kommen bei zu engen Grenzen leicht in unbeschütztes Gelände. Ferner haben die grossen Ansammlungen von Wasservögeln auch ein weites Areal, in dem sie umherziehen. Am Anfang des Schutzprojektes muss deshalb eine genaue Untersuchung dieser Bewegungen der Tierwelt stehen, der weitere Studien über die ökologische Bedeutung der eingeführten Timor-Hirsche und der jährlich wiederkehrenden Buschbrände folgen sollten. Noch ist die Administration nicht bereit, in diesen Bränden eine potentielle Gefahr für das Ökosystem zu sehen, da sie ja schon seit Jahrhunderten praktiziert worden sind und offenbar noch keine für den Menschen unmittelbar nachteiligen Veränderungen des biologischen Gleichgewichts zur Folge hatten.

Die grossartige Eignung des zukünftigen Torassi-Nationalparks für den Tourismus steht ausser Frage. Vom Landrover oder Flugzeug aus, aber auch zu Fuss lassen sich die grandiose Weite und Schönheit seiner Landschaft erleben, Wallabies, Kasuare, Trappen oder die grossen Kragenechsen *(Chlamydosaurus)* in der Savanne aufspüren. Aus der sicheren Höhe der Flugzeugkanzel fällt es leicht, die Wege der Süsswasserkrokodile *(Crocodylus novae-guineae)* im schwimmenden Pflanzenteppich der Sumpfseen zu verfolgen; der Schatten der Maschine lässt überwältigende Scharen von Wasservögeln auffliegen, Hunderte von Kranichen, Spaltfussgänsen, weisse Wolken aus Reihern über den blinkenden Wasserflächen, die vom leuchtenden Grün der Seerosen und rötlichbraunen Teppichen aus Wasserfarnen gesäumt sind. Draussen in der Savanne leuchtet die Sonne auf das Rot und Gelb der Termitenbauten und die weiss leuchtenden Stämme der Eukalyptusbäume, von einem strahlend blauen Himmel während weitaus der meisten Tage des Jahres.

Die wenigen Papuas der Region (weniger als ein Einwohner pro Quadratkilometer) liessen sich ohne Schwierigkeiten in den Park integrieren, falls sie nicht vorziehen, ausserhalb seiner Grenzen eine neue, von der Tradition abgekehrte Form der Lebensweise zu suchen.

Mt. Bosavi

Der erloschene Vulkan Mt. Bosavi (2896 m) im unerschlossenen Herzen von Papua bildet die beherrschende Landerhebung südlich des Zentralgebirges. Der Rand seines mehrere Kilometer weiten Kraters liegt nahezu 2000 m über dem flachen Rükken, der seine nördlichen Ausläufer mit dem ebenfalls vulkanischen Mt. Sisa (2446 m) und den dahinterliegenden zentralen Bergzügen verbindet. Der Mt. Bosavi stellt somit eine biologische Insel dar, die sehr wahrscheinlich tiergeographische Besonderheiten birgt; allerdings hat die Erforschung der dichtbewaldeten Region gerade erst begonnen.

Die sich an den Südabhängen des Vulkans sammelnden Wasser strömen in kurzem Lauf zum tropischen Tiefland hinab, das mit Höhenlagen von nur 100 bis 200 m bis dicht an den Berg heranreicht. Auch im Nordosten, zum etwa 300 m hoch gelegenen Tal des Kikori oder Hegigio River hin, fallen die Flanken rasch ab. Der Kikori und der aus einem Einschnitt des Kraters im Südosten entspringende Turama River münden beide im Bereich des geplanten Nationalparks am Golf von Papua ins Meer. Gegen Westen und Nordwesten geht der Mt. Bosavi allmählich in das aus Lava und anderen vulkanischen Formationen aufgebaute Grosse Papuanische Plateau über, das von mittleren Höhenlagen bis nahe 1000 m zum Flusstal des Strickland River, des bedeutendsten Nebenflusses des Fly River, abfällt. An der Südwestkante des Plateaus liegt in etwa 100 m Höhe der kleine Lake Campbell.

Die Bedeutung dieser grossartigen, von menschlichen Einflüssen kaum angetasteten Landschaft im geplanten Nationalparksystem ist vielfach: Es sind in erster Linie die Ökosysteme des Waldes, vom tropischen Regenwald des Tieflandes bis zum montanen Wald der Gipfelregion des Vulkans, die in einem Bosavi-Nationalpark in weitflächiger Ausdehnung Schutz finden könnten. Es sind sodann die Gewässer des Inlandes, sowohl Flüsse mit ihren weiten Kiesbänken wie auch der Lake Campbell mit seinem dichten Teppich aus Wasserpflanzen, die mit einbezogen würden. Mehrere Tierarten, die ohne Schutzmassnahmen demnächst gefährdet sein werden, kommen im Bosavi-Gebiet noch in ursprünglicher Bestandesdichte vor: Raggis Grosser Paradiesvogel *(Paradisaea apoda raggiana)*, Borstenkopfpapagei *(Psittrichas fulgidus)*, Krontaube *(Goura)*, beide Gattungen Ameisenigel *(Zaglossus bruijni, Tachyglossus aculeatus lawesi)*, Wald- und Baumkänguruhs *(Dorcopsis spec., Dendrolagus goodfellowi spadix)*, Süsswasserkrokodil *(Crocodylus novae-guineae)*, Papua-Waran *(Varanus salvadorii)*.

Das National Parks Board hat in einem Entwurf vorgesehen, ein Areal von etwa 1600 km², das kreisförmig um den Krater des Vulkans liegt und den Lake Campbell noch mit einschliessen würde, in die Parkplanung einzubeziehen.

Die sehr spärliche Bevölkerung der Region lebt in weit über das Vorland des Vulkans verstreuten Hordenhäusern und steht auf der für Neuguinea primitivsten Kulturstufe der Sammler und Jäger mit anteiligem Gartenbau. 1966 führten wir die ersten zoologischen und völkerkundlichen Arbeiten im Bosavi-Gebiet durch. Vor uns haben nur vier Regierungspatrouillen, Militärs, ein Missionar und weitere Einzelpersonen das Gebiet erkundet. Der Missionar liess mit einfachsten Werkzeugen nördlich des Berges ein Flugfeld anlegen, das mit kleinen Maschinen unter besonderen Vorsichtsmassregeln benutzt werden kann, und die Armee errichtete am Kraterrand eine Landeplattform für Hubschrauber und eine Vermessungsboje. Seit 1966 ist die Erschliessung wesentlich verstärkt worden, geologische Teams suchen nach Bodenschätzen, und die traditionelle Kultur der Bosavi-Leute ist in diesem kurzen Zeitraum bereits in das Stadium des raschen Verfalls getreten. Grippeepidemien haben einen erschreckend hohen Prozentsatz der Menschen hinweggerafft, schätzungsweise 40 Prozent.

Nach dieser kurzen Darstellung des Bosavi-Projekts sollen nun seine einzelnen Aspekte ausführlicher behandelt werden. Ebenso wie die Projekte Kerewo-Turama und Torassi wäre auch Bosavi bestens geeignet, gleichzeitig menschlicher Nutzung der Umwelt nach traditionellen Methoden und dem Schutz dieser Umwelt vor schädigenden Einflüssen im Sinne eines Nationalparks zu dienen. Allen drei Gebieten ist gemeinsam, dass die althergebrachte Umweltnutzung keine Schädigung des biologischen Gleichgewichts verursacht hat – wahrscheinlich mit Ausnahme der Brandlegungen im Torassi-Gebiet –, dass die Bevölkerungsdichte sehr dünn ist und nirgends Siedlungen und andere Veränderungen der natürlichen Szenerie in einem Masse bestehen, dass sie das Landschaftsbild stören würden. Im Gegenteil erscheinen die Siedlungen mit traditionellem Gesicht als Bestandteil der Landschaft. Allen drei Gebieten ist auch gemeinsam, dass die einheimische Bevölkerung Komplexe ihrer Kultur nur deshalb aufgibt, weil sie direkt, durch Administration und Mission, oder indirekt, durch die Notwendigkeit der Anpassung an fortschrittlichere Nachbargruppen mit stärkerem Kontakt zur Zivilisation, dazu gezwungen wird. Ich möchte hierzu zwei Beispiele aus der materiellen Kultur der Bosavi-Leute darstellen, die den direkten Zwang der Administration zur Aufgabe lebenswichtiger Praktiken zeigen.

Vorweg muss ich betonen, dass die Bosavi-Leute, genauer die Kaluli- und Waragu-Sprachgruppen nördlich des Berges, sehr wahrscheinlich einer alten Kulturschicht Neuguineas angehören und möglicherweise von stärkeren Nachbarn in das wenig ertragreiche Gebiet am Rande des Zentralgebirges gedrängt wurden. Sie würden somit zu den in Rückzugsgebieten lebenden, sehr labilen Gruppen gehören, die sich gegenüber fremden Gruppen defensiv verhalten und allein schon wegen ihrer geringen Bevölkerungsdichte nicht genügend kulturelle Dynamik besitzen, um neu auftretenden Einflüssen von aussen Widerstand zu bieten. Im Gegensatz dazu stehen ihre nördlichen Nachbarn, die individuenstarken Gruppen der Huli-Hochländer, welche – um ein Beispiel zu nennen – selbstbewusst auch dann noch ihre traditionelle Kleidung anlegten, als sie bereits europäische Hosen und Hemden im Store kaufen konnten. Natürlich vollzieht sich auch bei den Huli seither ein stetig zunehmender Kulturwandel, doch erfolgt er schonend und kommt nicht dem gefährlichen Zusammenbruch gleich, wie er im Bosavi-Gebiet geschieht.

Unser erstes Beispiel betrifft die traditionelle Siedlungsform. Die Papuas rund um den Mt. Bosavi leben in Gemeinschaftshäusern: Jedes Dorf besteht aus einem einzigen Haus, in dem im Durchschnitt vierzig bis siebzig Menschen, die zwei bis drei vaterrechtlichen Klans angehören, zusammenleben. Innerhalb dieser Gemeinschaften herrscht aber keineswegs eine freie Vermischung der Geschlechter, sondern die Erwachsenen leben so wie bei anderen Papua-Gruppen in Ehe. Allerdings sind die Geschlechter im Haus räumlich getrennt. Bei den Kaluli zum Beispiel schlafen die Männer im Zentralraum des Hauses, der auch als Versammlungsort dient. Aussenherum haben die Frauen, die unverheirateten Mädchen und Kinder kleinere Unterteilungen, die voneinander und gegenüber dem Zentralraum durch Lattenzäune geschieden sind. Hier wird auch das Essen zubereitet. Geschlechtsverkehr erfolgt gewöhnlich tagsüber im Busch, nicht im Gemeinschaftshaus. Zu bestimmten Jahreszeiten siedeln die Familien in kleinere Gartenhäuser im Busch über, wo nur Teile der Gemeinschaft beisammenleben. Auch in diesen Nebenhäusern leben die Geschlechter räumlich getrennt.

Es war uns 1966 aufgefallen, wie bewundernswert friedlich das Leben in einem Hordenhaus der Kaluli abläuft; wenn es einmal Streit gab – es kam selten genug vor –, wurde er sogleich wieder beigelegt. Niemals beobachteten wir Anzeichen tieferer Zerwürfnisse. Auch die gegenseitige Zuneigung der Ehepartner war deutlicher sichtbar als in Vergleichsgebieten an der Küste und im Hochland. Uns fiel auch auf, dass die Frauen keineswegs eine unterdrückte Stellung in der Gemeinschaft einnehmen, die es ihnen etwa verbietet, bei Entscheidungen mitzureden.

Die australische Administration hat bereits in der Erschliessungsphase darauf hingearbeitet, die Hordenhäuser kurzerhand abzuschaffen. Das Leben mehrerer Familien unter einem Dach erschien den Distriktsbeamten unhygienisch und moralisch bedenklich; die soziale Bedeutung dieser Einrichtung blieb ihnen verborgen, Fachleute wurden nicht befragt. Fortan sollten die Bosavi, so wie fast alle anderen Papuas auch, in Einzelhäusern leben.

Mit der nahezu widerstandslosen Aufgabe der Hordenhäuser fallen die zentralen Stützen der gesellschaftlichen Struktur. Ohne Übergangsphase, ja ohne wirkliche tragende Alternative zur zerstörten traditionellen Gesellschaftsform sind die Papua-Gruppen am Mt. Bosavi heute einem verstärkten Druck von aussen ausgeliefert, der von dynamischen Nachbargruppen und von der stetig zunehmenden europäisch geprägten Kultur und Zivilisation ausgeht. Damit ist nicht allein das gesamte kulturelle Gut der Bosavi-Leute akut bedroht. Ebenso ist auch das physische Fortbestehen der Gruppe selbst in Frage gestellt.

In einem Nationalpark rund um den Mt. Bosavi, in dem es den Papuas gestattet wäre, weiterhin in ihren althergebrachten Hordenhäusern zu leben, würde der territoriale Druck von Nachbargruppen ausbleiben, und den übrigen Einflüssen von aussen stünde als gewisser Halt eine intakte Gesellschaftsstruktur gegenüber. Natürlich würde auch hier ein Wandel erfolgen, einzelne Familien würden nach und nach der traditionellen Siedlungsform den Rücken kehren und ausserhalb des Parks auf dem bereitgestellten Land – entsprechend dem Modell des World-Wildlife-Fund-Berichtes, das bereits mehrfach erwähnt wurde – ein neuartiges Leben gemäss dem Stil der jungen Nation beginnen. Doch würde hier der Übergang schrittweise, schonend und vor allem nicht auf der Grundlage direkten Zwangs erfolgen.

Unser zweites Beispiel betrifft den traditionellen Gartenbau der Bosavi-Papuas. Die Böden des Grossen Papuanischen Plateaus sind sehr wenig ertragreich. Die ungewöhnlich hohe jährliche Niederschlagsmenge bringt zudem die Gefahr intensiver Auswaschung offen liegender Gartenerde. Die Kaluli und Waragu haben in Anpassung an diese Verhältnisse in den Zeiten vor dem Kulturwandel ihre relativ grossen Gärten nach einer Nutzung von zwei bis drei Jahren für mehrere Jahre sich selbst überlassen, damit sich der Boden unter dem rasch sich entwickelnden Sekundärwald ausreichend regenerieren konnte. Neue Gärten wurden bevorzugt dort angelegt, wo bereits früher Gartenland bestanden hatte und nun die dünnen Stämme des Sekundärwaldes die Rodungsarbeiten weniger behinderten. Die Auswertung von Flugphotos ergab, dass etwa 11% des Landes mit Sekundärwald bedeckt sind. Eigenartig, doch unter den örtlichen Gegebenheiten sehr zweckmässig erscheint uns

152

die Anlage der Bananengärten an Abhängen: Hier wird zunächst das Unterholz
entfernt, dann wird gepflanzt und erst, nachdem die Stecklinge angegangen sind,
der Wald selbst gefällt. Die Bäume stürzen auf die Gartenfläche und verrotten dort
allmählich, die Bananen treiben ihre Stämme durch das Astgewirr hindurch. Würden die Kaluli erst roden und dann pflanzen und die Bäume bis auf die Stämme
selbst abbrennen, dann würde die fruchtbare Asche sehr schnell durch die häufigen
Regen weggeschwemmt und der Boden ausgelaugt.

Ausser Bananen werden Taro, Süsskartoffeln, verschiedene Gemüse, Zuckerrohr und Pandanus gepflanzt. Neben diesen Gartenprodukten ist der in sumpfigen Senken wildwachsende Sago die wichtigste Nahrung. Da die Sagobestände sehr begrenzt sind, müssen auch die Gewinnungsplätze für das Sagomehl periodisch gewechselt werden. Bei diesen Verlegungen achteten die Kaluli bisher darauf, dass die neuen Sagoplätze und das neue Gartenland nahe beisammen lagen. Das grosse Gemeinschaftshaus wanderte hinterher, das heisst es wurde gewöhnlich alle zwei bis vier Jahre verlassen und nahe den Ertragsgründen neu aufgebaut. Zusätzlich hatten die Familien noch ihre temporären kleinen Gartenhäuser. Der Wald lieferte ausser dem Sago viele essbare Gemüse, Früchte, Pilze und Knollen sowie Jagdwild; die Flüsse Fische und Krebse.

Unter dem Einfluss der Administration verfällt nun dieses an die ärmlichen Bodenverhältnisse angepasste System. Zunächst war es den Distriktsbeamten nicht recht, dass die Dörfer alle paar Jahre verlegt wurden und somit schwerer kontrollierbar waren. Es erging die Anordnung, die Dörfer an den gegenwärtig besetzten Plätzen zu belassen. Eine zwangsläufige Folge davon war die Überbeanspruchung der Gartenflächen in der Nachbarschaft. Noch bevor der Boden nach seiner Nutzung als Gartenland wieder richtig regeneriert war, musste der junge Sekundärwuchs darauf wieder gefällt und das Land neu bestellt werden. Besonders schwerwiegend wurde diese Entwicklung dort, wo sich Fremde ständig niederliessen: eingeborene Pastoren, die viele Leute anzogen, eine Ambulanzstation der Regierung. Die Sagobestände nahe den Häusern gehen zurück, und die Leute müssen immer weitere Strecken zu den Gewinnungsplätzen zurücklegen. In einem Fall drohte eine Hungersnot, und die Leute baten mit Erfolg den Distriktsbeamten, ihr Dorf verlegen zu dürfen. Auf der anderen Seite versuchte die Administration die Anbaumethoden selbst zu ändern, weil sie die Bedeutung der sonderbaren Methode des Rodens nach dem Pflanzen nicht richtig verstand und annahm, dass die Anbaupraktiken des zentralen Hochlandes viel geeigneter für das Bosavi-Gebiet als die einheimischen seien. Dabei blieb unbeachtet, dass im Hochland ganz andere ökologische Bedingungen herrschen: Dort wird die fruchtbare Erde der Grasländer, unter anderen Niederschlagsverhältnissen als am Bosavi, intensiv zum Anbau von Süsskartoffeln in erhöhten Beeten genutzt. Es darf nicht verwundern, dass die Einführung solcher an andere Verhältnisse angepasster Methoden und der Verzicht auf die traditionelle Anlage der Bananengärten im Bosavi-Gebiet zu schweren Misserfolgen und Schäden an der Umwelt führen. Der amerikanische Anthropologe Edward Schieffelin ist deshalb kürzlich in einer Rundschrift mit Nachdruck dafür eingetreten, dass man den Bewohnern des Grossen Papuanischen Plateaus ihre althergebrachten Anbaumethoden belässt, um nicht ihre Existenzgrundlage für die Zukunft ernstlich zu gefährden. Auch hat er betont, dass die abwechslungsreiche Nahrung der Leute nicht durch Einführung von Monokulturen der Süsskartoffel in ihrem Nährwert verringert werden darf. Ferner sieht er in der Anlage grosser kahler Erdflächen vor den Häusern, wie sie aus Hygiene- und Schönheitsgründen von den Distriktsbeamten gefordert werden, gefährliche Zellen einer möglicherweise um sich greifenden Erosion an Abhängen und auf Höhenrücken.

Ich denke, die beiden Beispiele Siedlungsform und Anbautechnik haben deutlich gemacht, wie traditionelle, sinnvolle Lebensformen durch direkten Zwang von aussen geändert werden, ohne dass die Kulturträger selbst von sich aus dazu bereit gewesen wären. Dies mag solche Kritiker nachdenklich stimmen, die uns vorwerfen, wir wollten die Papuas zwingen, in Nationalparks ihren alten Gewohnheiten treu zu bleiben: Erstens ist ein solcher Zwang gemäss dem Modell des World Wildlife Fund nie gegeben, und zweitens würden die Leute im Park ja geradezu vom Zwang, wie er beschrieben wurde, verschont!

Die Ansiedlungen der Papuas liegen als kleine Punkte im grünen Meer des Waldes; gedeckte Fusspfade verbinden die ein bis eineinhalb Stunden Wegs voneinander liegenden Häuser; das Gartenland wird innerhalb weniger Jahre vom Wald zurückerobert und unterscheidet sich dann im Habitus nur noch durch den dünneren Umfang der Stämme vom Primärwald. Auf dem Grossen Papuanischen Plateau nimmt, wie oben bereits erwähnt, dieser Primärwald noch rund 90 % der Fläche ein; in den höheren Lagen ist die Vegetation noch gänzlich unberührt, da die Besiedelung nur bis etwa 1200 m in die Höhe reicht und weiter oben lediglich Gruppen von Jägern ihre einfachen Schutzdächer gegen Regen und die Kühle der Nacht aufrichten. In die oberste Region, den Montanwald, haben sich die Papuas aus Furcht vor Geistern nur ausnahmsweise gewagt, so zum Beispiel als sie mich 1966 zum Kraterrand begleiteten.

In der Morgendämmerung war ich mit fünfzehn Papuas und meiner Papua-Hündin Sobi unter lautem Singen der Träger vom Hordenhaus Didessa (1100 m) aufgebro-

chen, zunächst noch auf einem guten Pfad, der gemächlich ansteigend durch Sekundärwuchs, bald aber durch prächtigen, hochstämmigen Regenwald führte. An
einem mächtigen Feigenbaum machten wir kurz Rast und schauten den lärmenden
Kakadus, Loris und den Tauben zu, die – offenbar von den Früchten angelockt –
die Baumkrone bevölkerten. Weiter aufwärts folgte der Pfad einem Grat zwischen
Schluchten, in denen klares Wasser über dunkle Lavablöcke rauschte. Sonst konnte
man von der vulkanischen Natur des Berges nichts erkennen; bis zum Gipfel stiessen
wir kaum einmal auf einen Stein am Boden. Nur an einzelnen sehr steilen Halden
an den äusseren Flanken und vor allem an den inneren Kraterabstürzen tritt das
grauschwarze Vulkangestein in Form von Wänden oder Geröllhalden zutage.

Der Vogelreichtum in den Wäldern am Fusse des Berges war überwältigend: schon
am Rande des Dorfplatzes von Didessa hatten uns Rufe von Raggis Grossem
Paradiesvogel *(Paradisaea apoda raggiana)* empfangen, und sie begleiteten uns, bis
die Sonne höher stieg. Dumpf tönte der kurze Ruf der Krontauben, und gleich
neben dem Weg fanden wir den Kompost-Brutofen eines Grossfusshuhns, aus dem
die Papuas eifrig die Eier ausgruben. Mehrmals an jenem Morgen hörten wir die
rauhen Rufe von Borstenkopfpapageien, die, meist paarweise, für uns unsichtbar
über die Baumwipfel flogen. Nach immer steilerem Aufstieg, vorbei an Gruppen
von Baumfarnen, tauchten wir unvermittelt in die Wolkendecke ein, die den Vulkan
meist verhüllt. Feiner Regen und Nebelschwaden sollten uns die folgenden Tage begleiten. Auch das Waldbild hatte gewechselt, immer stärker traten mächtige Baumriesen in den Vordergrund. Nur verschwommen erkannten wir die mächtigen Kro-
nen weit über uns. Der Moosbewuchs nahm ständig zu, bald war die Moosdecke
allgegenwärtig, jeder Stamm damit überzogen, und wer daran Halt suchte, fasste in
einen mit Wasser vollgesogenen Schwamm. Lange Moosbehänge und Flechten be-
schwerten die Äste und wuchsen selbst noch an den zartesten Zweigen. Nur selten
leuchtete eine Blüte, dafür umgaben uns ungezählte Abstufungen von Grün, Gelb
und Braun. Der Boden blieb auf weite Strecken für den Fusstritt unerreichbar.
Über Wurzeln, Mooskissen und gestürzte Stämme kletterten wir auf dem noch
schwach angedeuteten Pfad vorwärts. Die Papua-Hündin verschwand manchmal
unter unseren Füssen in der Wurzeletage und kam viele Meter vor uns wieder an
die Oberfläche. Bald waren wir bis auf die Haut durchnässt, bei kurzen Rasten leg-
ten die Träger fröstelnd ihre Arme kreuzweise über die Brust. Jede Photoaufnahme

bedeutete eine langwierige Unterbrechung des Aufstiegs: Zwei Männer mussten ein Plastiktuch als Regendach über Kamera und Stativ halten. Die Belichtungszeit betrug im Mittel 1 Sekunde bei Blende 11.

In 1600 m Höhe bauten wir unser Nachtlager aus Planen auf. Ich hätte es wohl kaum fertiggebracht, aus dem mit Wasser vollgesogenen Fallholz oder grünen Ästen ein Feuer zu entfachen. Doch meine Helfer schafften es innerhalb von Minuten; sie kannten Hölzer, die auch im lebenden, grünen Zustand brennen. Zunächst hielten wir die Kameraausrüstung in die trockene Wärme über dem Feuer. Danach verstaute ich alles empfindliche Gerät und die belichteten Filme in luftdichten Plastiksäcken, zusammen mit dem bewährten Trocknungsmittel Silikagel. Erst dann konnte ich darangehen, mich selbst zu trocknen, erst an der Vorderseite und darauf mit dem Rücken zum Feuer. Inzwischen war auch das Essen – Sago, Reis und Fleisch – heiss gemacht. Die Hündin Sobi war zunächst zu müde zum Fressen, erschöpft hatte sie sich gleich nach dem Feuermachen nahe an die Flammen gelegt. Sie hatte sicherlich den Weg hier herauf mit all seinen neuartigen Gerüchen und anderen Eindrücken mehrfach zurückgelegt. Wir kochten auch gleich noch für den nächsten Tag Haferflocken, mit Milch und Ovomaltine vermischt, da am kommenden Morgen die Zeit knapp sein würde: Zum Frühstück hatten wir dann Haferflockenbrei, mittags allerdings zur Abwechslung Haferflockensuppe, da den Vormittag über viel Regen in den Topf gefallen war.

Am späten Nachmittag dieses ersten Tages brach nochmals kurz die Sonne durch die Nebelwand, und der blaue Rauch des Lagerfeuers stand im Gegenlicht zwischen den bemoosten Ästen der mächtigen Bäume. Rasch brach nun die Dämmerung herein, breitete sich zunächst am Waldboden aus, stieg dann in die Gipfel der Bäume empor und verwischte deren Konturen am Himmel. Regenwolken umhüllten uns wieder, und jetzt mischte sich unvermittelt in das Trommeln der Tropfen auf Blattwerk und Zeltdach ein wahrhaft betäubendes Lärmen geheimnisvoll unbekannter Insekten, Frösche und Nachtvögel. Allein die Rufe von zwölf verschiedenen Froscharten konnten wir unterscheiden. Wie auf ein Zeichen setzten plötzlich die schrillen Sirenen der «Sechs-Uhr-Zikaden» ein, verstummten ebenso synchron wieder und begannen nach einer Weile von neuem. Inzwischen hörten wir aus der Ferne einen ebensolchen Chor. Nach etwa zwanzig Minuten war der Spuk vorbei: Die Chor-Zikaden sind nur in der kurzen Spanne unmittelbar nach Einbruch der

Nacht aktiv, was ihnen den populären Namen gegeben hat. Das übrige Konzert hielt aber unvermindert an. Die Nacht wurde empfindlich kühl, und wir unterhielten das Feuer bis zum Morgen; gegen elf Uhr kratzte Sobi an meinem Schlafsack und kroch, als ich den Reissverschluss ein wenig öffnete, sofort bis zum Fussteil hinein. Dort rollte sie sich zusammen und schlief, bis sie in der Frühe beim Aufbruch des Lagers etwas unvermittelt wieder an die frische Luft gesetzt wurde.

Beim weiteren Aufstieg erschien der Wald immer märchenhafter. Die gedämpfte Atmosphäre nahm uns völlig gefangen, unwirklich im Nebel umgab uns die Fülle der Vegetation, unwirklich waren auch die melodisch klingenden Rufe der Bergvögel. In etwa 2200 m Höhe wichen die mächtigen hohen Bäume zurück, und schwache, vielfach gekrümmte Stämmchen, die im Moos zu ersticken schienen, beherrschten fortan das Bild des Waldes. Auf Füssen und Händen über Wurzeln, lebende und vermodernde, glitschige Stämme kletterten wir steil bergan.

Einzelne Halden aus Blöcken und Geröll begleiteten unseren Weg. Hier lebt der Ameisenigel *Zaglossus bruijni* neben seinem kleineren Verwandten *Tachyglossus aculeatus lawesi*. Auch Baumkänguruhs *(Dendrolagus goodfellowi spadix)* und andere Beuteltiere kommen am Vulkan vor. Die Bälge und Schädelteile, die wir aus der Bosavi-Region mitbrachten, sind leider immer noch nicht von Museumsspezialisten endgültig bearbeitet und veröffentlicht worden. In 1800 m Höhe fanden wir den Balzplatz des Gelbhaubengärtners *(Amblyornis macgregoriae)*, und oberhalb der 2000-m-Grenze konnten wir sogar den sehr seltenen Blaulappenparadiesvogel *(Loboparadisaea sericea)* entdecken. Wie viele andere bedeutende Vogelarten in den unbeschreiblich grossartigen Wäldern am Vulkan und in seiner Nachbarschaft leben, wird nach unseren Stichproben erst eine genaue Bestandesaufnahme zeigen, die hoffentlich bald durchgeführt werden kann. Wegen der biogeographisch isolierten Lage ist zu erwarten, dass auch neue Tier- und Pflanzenformen entdeckt werden. Einen Anfang konnten wir mit einer kleinen Sammlung Käfer machen, die grösstenteils aus bisher unbekannten Arten besteht.

Als unsere kleine Gruppe gegen Ende des zweiten Tages den ebenfalls vom Baumwuchs dicht umhüllten Kraterrand erreichte, trieb uns scharfer Wind kalte Nebelschwaden ins Gesicht. Der Krater selbst blieb uns verborgen. Erst nach längerer Suche fanden wir einen schmalen Absatz, wo wir ein Lager aufschlagen konnten. Nachts sank die Temperatur auf $+13°C$, was für die Papuas und selbst für mich, der ich damals schon mehr als ein halbes Jahr in den Tropen gearbeitet hatte, starke Kälte bedeutete. Dicht kauerten die Papuas beisammen, nicht nur wegen des Windes und der niedrigen Temperatur, sondern auch wegen der Geister, die angeblich hier oben hausten. Nur zwei von den Männern waren jemals hier oben gewesen: zusammen mit Angehörigen der australischen Armee, die als erste auf der Route von Didessa aus zum Kraterrand aufgestiegen waren, um die Landefläche für Hubschrauber anzulegen. Wir drangen am Morgen des dritten Tages zu der aus Stämmen gezimmerten Plattform vor und fanden unter der als Vermessungspunkt errichteten Boje aus Aluminiumblech kurz Unterschlupf. Auch hier auf der höchsten Stelle, in fast 3000 m, standen Gruppen grösserer Bäume, die in die vorherrschenden Bestände dünnstämmiger Arten eingestreut waren.

Wir sammelten in der Gipfelregion einige Insekten und begannen dann mit dem Abstieg, der uns nach eineinhalb Tagen wieder in die Sonne und Wärme zurückbrachte. Wenige Tage später strahlte auch der Vulkan – aus der Ferne – in der Sonne. Für den Auf- und Abstieg wäre dieser Zeitpunkt sicherlich günstiger gewesen; doch hätte ich im harten Schlaglicht niemals die geheimnisvolle Atmosphäre des Moos- und Nebelwaldes im Bild einfangen können.

Leider haben bislang keine weiteren Biologen den Mt. Bosavi besucht. Es fällt schwer, die internationale Fachwelt und eine Regierung für ein Nationalpark-Gebiet zu begeistern, das noch keiner, mit dem ich sprach, selbst gesehen hat, von dem es noch keine Liste der Tier- und Pflanzenarten gibt. So sind die Photographien und eine Beschreibung, die nicht annähernd die Wirklichkeit wiedergibt, vorerst das einzige Werbematerial für ein Vorhaben, das eine der bedeutendsten Naturlandschaften unserer Erde, einen wichtigen Bestandteil des zukünftigen Parksystems in Neuguinea für die Zeiten bewahren soll, in denen die Wildnis Neuguineas nicht mehr so wie heute weites Land bedeckt. Im Sommer 1970 erreichten uns Nachrichten, dass man unweit der Bosavi-Region auf Erdöl gestossen sei. Es ist höchste Zeit, dass der Bosavi-Nationalpark Wirklichkeit wird.

Mt. Wilhelm

Der wissenschaftliche Beirat des National Parks Board in Port Moresby hat schon vor längerer Zeit eine Studiengruppe gebildet, die die Möglichkeiten wirksamen Schutzes für den höchsten Berg Ost-Neuguineas prüfen soll. Der Mt. Wilhelm im Bismarck-Gebirge des zentralen Hochlandes erreicht über 4500 m. Gegen Norden fallen seine Flanken tief hinab zum Flussgebiet des Ramu in nur etwa 100 m Höhe. Diese Nordflanken und die alpine Region oberhalb der Baumgrenze stellen das wichtigste ökologische Potential dar. Die alpine Zone nimmt etwa 600 m Höhendifferenz ein und umfasst Grasfluren, Baumfarnbestände, alpine Moore und Felsfluren. Zwei Seen, Piunde und Aunde, sind darin eingebettet.

Die grösste Schwierigkeit bei der Entwicklung des Massivs zum Nationalpark liegt in der ungewöhnlich dichten Besiedelung unmittelbar südlich davon: Hier leben die Chimbu-Hochländer, die die Wälder und Hochfluren als ihr traditionelles Jagdgebiet betrachten. Das Schälen bestimmter Bäume und eine sehr starke Population verwilderter Hausschweine in den Wäldern der Südflanken haben erhebliche Schäden verursacht; die untere Waldgrenze, welche an die sekundären Grasfluren der besiedelten Hochtäler stösst, wird immer höher geschoben. Der Ameisenigel *Zaglossus* ist bereits ausgestorben, der Bestand grösserer Jagdtiere und einiger Paradiesvogelarten gefährdet.

Im Nationalparksystem Neuguineas kommt dem Mt.-Wilhelm-Massiv hauptsächlich wegen seiner ausgedehnten alpinen Zone Bedeutung zu. Um dem Park aber Bestand zu verleihen, muss auch das bereits stärker veränderte Land an den Südabhängen einschliesslich möglichst grosser Bereiche der Talsohle selbst mit einbezogen werden. Diese Gebiete erhalten die Funktion eines Schutzgürtels gegenüber der Chimbu-Bevölkerung.

Erfahrungen in den europäischen Alpen haben neuerdings gezeigt, dass alpine Nationalparks nur dann gegen Übergriffe langfristig abgesichert sind, wenn auch die Talsohle selbst mit eingeschlossen werden kann. Sonst erfolgt ein ständiger Druck seitens der dort ansässigen Bevölkerung, teils weil das Parkgebiet zur traditionellen Nutzungsfläche der Talbewohner gehörte, teils weil neue Entwicklungsprojekte, wie die Erschliessung für umweltfeindlichen Massentourismus, von den Tälern aus in die Hochlagen vorzustossen suchen.

Touristenland von morgen

Neuguinea ist für den internationalen Tourismus wohl entdeckt, aber noch nicht erschlossen. Für die Saison 1974/75 werden in Port Moresby immerhin bereits 70 000 Touristen erwartet, die schätzungsweise 32 Millionen australische Dollar ins Land bringen werden; indirekte Einnahmen von 61 Millionen Dollar kommen hinzu. Dies bedeutet aber erst den Anfang einer aufblühenden Industrie, vorausgesetzt, die neue Regierung Ost-Neuguineas ist so vorausschauend wie beispielsweise einige ostafrikanische Nationen.

Bis vor wenigen Jahren war die australische Administration alles andere als touristenfreundlich: Alle Einreisenden mussten im Besitz einer besonderen Genehmigung sein, und unter den Bewerbern wurde eine strenge Auslese getroffen. Seit aber die jährlichen folkloristischen Mt.-Hagen- und Goroka-Shows im Hochland als erwerbsträchtige Unternehmen erkannt wurden und die Trobriand-Inseln mit ihrer Südseeromantik für Reisende erschlossen sind und sich sowohl auf diesem Archipel wie auch im Sepik-Gebiet ein auf Souvenirkäufer ausgerichtetes Schnitzgewerbe ausgebreitet hat, kam der Tourismus allmählich ins Rollen. In Port Moresby, dem Eingangspunkt fast allen Verkehrs von aussen, entstanden moderne Hotels, ebenso wie im Sepik-Gebiet und im Hochland. Mehrere internationale Reisebüros in Amerika und Europa führen seit einigen Jahren regelmässig Gruppenreisen nach Neuguinea im Programm. Ein der Administration unterstehendes Tourist Board sorgt heute für Koordinierung und Weiterentwicklung. Neuerdings wurde auch das indonesische West-Neuguinea für Touristenreisen geöffnet.

Dennoch blieb Neuguinea touristisches Pionierland. Es fehlen die Einrichtungen, die breitere Schichten dazu bewegen würden, die immer noch kostspielige und weite «Reise in die Steinzeit» anzutreten: ein wohlorganisiertes Netz von auf den Tourismus ausgerichteten Verkehrsverbindungen, ein über das Land verstreutes System komfortabler Hotels, Restaurants und Raststätten, Erschliessung und Erhaltung touristischer Attraktionen, die in anderen Erdteilen nicht ihresgleichen haben. Hierzu gehört ohne Zweifel in erster Linie die Schaffung des Nationalparksystems und seiner touristischen Zusatzeinrichtungen wie Anschluss an das Verkehrsnetz, Unterkünfte und Führungen in den Teilen, die auf festgelegten Routen den Besuchern zugänglich gemacht werden sollen.

Wer heute eine Reise etwa an den Golf von Papua unternimmt, wird dort weder komfortable Unterkunft vorfinden, noch darf er hoffen, sogleich ein Boot zur Weiterfahrt ins Gelände aufzutreiben. Er wird Schwierigkeiten haben, einen englischsprechenden Führer zu finden, und – einmal glücklich im Gelände – enttäuscht sein, nicht, wie er es sich ausgemalt hatte, nach einer der nächsten Flussbiegungen ein Vier-Meter-Krokodil beim Sonnenbad am Ufer zu überraschen. In den Dörfern wird er vergebens nach alten Relikten aus der Kopfjagdzeit wie Schädeltrophäen oder Steinzeitwaffen Umschau halten.

Nationalparkentwicklung am Golf darf deshalb nicht darauf beschränkt bleiben, die mannigfachen natürlichen Lebensgemeinschaften der Region unter dauerhaften Schutz zu stellen, sondern muss gleichzeitig bedeuten, dass der Durchschnittsreisende durch gutausgebildete Führer im bequemen Boot zu den schönsten Geländepunkten begleitet wird, dass er tatsächlich ein Krokodil – vielleicht in einem grossen Gatter im Sumpfland – aus nächster Nähe photographieren oder auf einem Bohlensteg die bizarr-fremdartige Welt der Mangroven- und Sagowälder oder die schwarzen Strände erkunden kann. In ein bis zwei traditionell erbauten Langhäusern könnte der Besucher Schädeltrophäen, Kopfjagdpfeile, neuere, aber im alten Stil gefertigte Kultfiguren und steinzeitlichen Hausrat in natürlicher Umgebung bewundern.

In den übrigen potentiellen Nationalparkgebieten ist es mit dem Reisekomfort nicht besser bestellt: Torassi und Bosavi sind nur auf langen Umwegen per Charter zu erreichen, keinerlei zumutbare Unterkunft steht dort zur Verfügung. Ich habe bereits erwähnt, wie sehr gerade das Torassi-Gebiet für den Tourismus geeignet wäre. Aber auch Mt. Bosavi, Mt. Wilhelm und das hier nicht näher beschriebene fünfte Parkprojekt in der Korallensee des Louisiade-Archipels eröffnen grossartige Perspektiven für eine touristische Zukunft.

Was für den Golf gesagt wurde, gilt aber auch hier: Kein Durchschnittsreisender wird, um ein Beispiel anzuführen, auf eigene Faust mehr als zwei Arten Paradiesvögel in der freien Wildbahn aufspüren. Mit dem Busch vertraute Papuas müssen die Parkbesucher an die Balzplätze geleiten; Hochstände könnten unmittelbaren Einblick in die Balzbäume geben. Auch an die anderen Tiere des Waldes, Kasuare, Krontauben, Nashornvögel, die vielen, vielen farbenprächtigen Kleinvögel, Papageien, die Hüttenbauten der Laubenvögel, an Fruchttauben, Baumkänguruhs und Flughundkolonien können nur ortskundige Papuas auf unauffällig angelegten Buschpfaden heranführen. Sonst bliebe das meiste Wild dem Fremden verborgen.

Eine kombinierte Rundreise durch alle fünf Gebiete mit zusätzlichem Besuch eines der grossen Tanzfeste im Hochland und einem Badeaufenthalt auf Yule Island nahe Port Moresby oder sonstwo am Strand der Korallensee, Abstecher von Port Moresby ins Erholungsgebiet Warirata im Astrolabe-Gebirge hinter der Stadt würde sicherlich am attraktivsten auf den Überseetouristen wirken.

Neuguinea wird dennoch kein Land des Massentourismus werden; auf individuelle und anspruchsvolle Gruppenreisen aber sollte sich das Land vorbereiten. Kalkuliertes Abenteuer, ursprüngliche Wildnis und Kultur, die Flucht vor der in unserer Heimat allgegenwärtigen Zivilisation, die Sehnsucht nach individuellem Erleben wird Neuguinea seinen Platz als Paradies in der Südsee – in einem neuen Sinne – für eine weite Zukunft sichern. Vorausgesetzt, die junge papuanische Nation beschreitet den richtigen Weg – heute. Noch ist es nicht zu spät!

Bildkommentare

Umschlag und Bild 102:

Moka-Fest der Mbowamb im zentralen Hochland nahe Mt. Hagen 1959. *Moka* ist das öffentliche Ausleihen einer bestimmten Anzahl von Perlmuscheln – *ken* – gegen Schweine und andere Wertstücke nach Art des Kreditwesens. Der Empfänger gibt für die erhaltenen Muscheln eine Anzahl Schweine als Bürgschaft, die er bei Rückgabe an den Gläubiger wieder zurückerhält. Für die Muscheln kann er sich Besitz oder eine Frau kaufen, oder er bezahlt damit Schulden an einen Dritten. So wandert das *moka* in einem Kreis miteinander befreundeter Männer von einem zum anderen, und es entstehen komplizierte wirtschaftliche Abhängigkeiten zwischen den Mitgliedern einer *moka*-Gemeinschaft, aber auch zwischen solchen Gemeinschaften, da manche Männer mehreren von diesen angehören. Wichtig ist, dass der Leihgeber die gleiche Zahl von Wertstücken nach bestimmter Zeit anstandslos wieder zurückerhält. Beim *moka*-Fest werden grosse Mengen von Perlmuscheln verliehen und somit der Reichtum ganzer Sippen demonstriert. Auf den Bildern sehen wir Ausschnitte aus den Vorbereitungstänzen – *nde mbo kanan*. Die Männer ziehen in Gruppen tanzend und singend zum Festplatz. Sie tragen Federn von Paradiesvögeln als Kopfschmuck: bräunlich-rote Federbüschel von Raggis Grossem Paradiesvogel (*Paradisaea apoda raggiana*) – besonders auf Bild 102 –, gelbe des Kleinen Paradiesvogels (*Paradisaea minor* – siehe Bild 8), ferner Federn von Kasuar, Krontaube und Papageien. Auf Stirn und Brust sind Muscheln angebunden. Allerdings haben an deren Stelle auch schon europäische Porzellanteller Eingang gefunden. Auch die rote Farbe der Gesichtsbemalung ist europäischer Herkunft. Ihre Oberkörper haben die Männer mit Schweinefett eingerieben. In der Hand tragen sie Speere aus Palmholz.

1

Huli-Hochländer spielt die Maultrommel. Die Huli siedeln südwestlich von Mt. Hagen. Sie sind ausgesprochen fröhliche Menschen, die in dichten Volksgruppen die fruchtbaren weiten Hochtäler bewohnen und in der Hauptsache Süsskartoffeln anbauen. Der abgebildete Mann stammt aus der Gegend des Patrol Post Komo südlich von Tari. Charakteristisch für die Huli-Männer sind breite Perücken aus Menschenhaar, die mit dem eigenen Haupthaar so stark verfilzt sind, dass sie gewöhnlich nicht abgelegt werden können. Die Männer schlafen also auch damit. Diese Perücken werden mit Strohblumen, Farnblättern oder Federn geschmückt. Um die Stirn gebunden trägt der Mann auf dem Bild eine Schlangenhaut. Die Maultrommel ist ein Instrument des Alltags und wird zur Unterhaltung sowie bei der Liebeswerbung gespielt. Ihr Körper aus Bambus hat eine bewegliche Zunge in der Mitte, die durch Zupfen an einer am Ende der Maultrommel ansitzenden Schnur in Vibration versetzt wird. Während die Mittelzunge frei schwingen kann, wird der übrige Körper mit den Lippen und der Zunge an die Zähne gedrückt. Die Mundhöhle dient als Resonanzraum.

2

Sumpfwald am Golf von Papua bei Hochflut. Der Wechsel der Gezeiten bestimmt den Lebensrhythmus im alluvialen Schwemmland des Deltagebietes. Die Papuas nutzen die Strömungen aus, um im Kanu paddelnd zu ihren Sagoplätzen und Gärten im Busch zu gelangen. Bei Ebbe, wenn die breiten Schlickflächen freiliegen, sammeln die Frauen Krebse ein sowie Fische, die sich im Boden eingegraben haben. Viele der schmalen Kanäle, die sich durch den Sumpfwald ziehen, laufen bei Ebbe vollständig leer. Man muss darauf achten, rechtzeitig tieferes Wasser zu erreichen, sonst sitzt man bis zur nächsten Flut fest und wird von Myriaden winziger Sandfliegen (*Phlebotomus*) gepeinigt. Rechts im Bild steht eine *Pandanus*-Palme, deren lange Blätter stachelbewehrt sind.

3

Tropischer Regenwald am Fusse der Astrolabe Range im Central District. Ein kleiner Bach kommt über steinigen Untergrund vom Abhang des Gebirges her. Am jenseitigen Ufer steht die dichte Mauer des Waldes. Die Artenfülle hier im Tiefland ist überwältigend, und man freut sich, auch einmal altbekannte Formen zu finden, wie zum Beispiel den Vogelnestfarn *(Asplenium nidus)*, der ja auch bei uns in Gärtnereien gezüchtet wird. Im Schutze seiner dichten Blätter ruhen tagsüber häufig Kletterbeutler, wie zum Beispiel der Streifenbeutler *(Dactylopsila)*, und Baumfrösche. Der Wald des Tieflandes ist die Heimat des Königsparadiesvogels *(Cicinnurus regius)* und anderer Paradiesvögel, die hier noch nicht selten geworden sind. Nashornvogel *(Aceros plicatus)*, Krontaube *(Goura)* und Kasuar *(Casuarius)* kommen hier ebenfalls noch vor. Im dichten Blattwerk lauert die Smaragdpython *(Chondropython viridis:* Bilder 5, 6).

4

Flussmäander im Sumpf- und Regenwald des Gulf District. Vom Flugzeug aus kann man sehr deutlich die Vegetationsgliederung und die Geschichte des Flusslaufes studieren. Dicht am Ufer zieht sich ein Streifen von Nipa-Palmen hin, dahinter schliesst sich Sumpfwald an und dort, wo festerer, lehmiger Untergrund vorherrscht, steht der artenreichere Regenwald des Tieflandes. Der ehemalige Flussverlauf ist deutlich an den Nipa-Beständen erkennbar, die als geschwungenes Band den Wald links im Bild durchziehen.

5, 6

Smaragdpython *(Chondropython viridis)*. Die bis zu 1,5 m langen erwachsenen Exemplare sind grün, seltener bläulich-grün gefärbt und lauern gut getarnt im Blattwerk des Waldes auf Beute. Mit Sinnesgruben am unteren Lippenrand nehmen sie geringste Temperaturunterschiede in ihrer Umgebung wahr, die die Anwesenheit eines warmblütigen Beutetieres anzeigen können. Ihre spitzen, ungiftigen Fangzähne schlagen dann blitzschnell zu. Die Jungtiere dieser Art sind leuchtend-gelb, seltener rötlich gefärbt. Mit zunehmendem Alter geht diese Färbung in Olivgrün, dann in Grün über.

7

Huli-Hochländer aus der Umgebung des Patrol Post Komo (vgl. Text zu Bild 1). Immer mehr Männer legen als Folge der Einflüsse von aussen die traditionellen Perücken ab. Durch seine Nasenscheidewand hat der Mann den Kiel einer der verkümmerten Flugfedern des Kasuars geschoben. Darin steckt eine Feder der Krontaube. Um seinen Hals trägt er eine Kette aus Kaurischnecken.

8

Männchen des Kleinen Paradiesvogels *(Paradisaea minor)*. Während der Zeit der Paradiesvogeljagd bis 1924 war dieser eine der begehrtesten Arten und somit in seinem Bestand sehr gefährdet. Sein Hauptverbreitungsgebiet liegt in West-Neuguinea. Er erreicht aber im Osten die Astrolabe Bay an der Nordküste und kommt von Nordwesten bis zu den Abhängen des Zentralgebirges vor. Das abgebildete Tier stammt aus dem Gebiet des Jimi River am Nordrand des Western Highlands District.

9

Das Weibchen des Kuskus *(Phalanger maculatus)* hat auf der Oberseite ein einfarbiges Fell, während das Männchen hell und dunkel gescheckt ist. Der Kuskus ist wohl das bekannteste Beuteltier der Papuanischen Unterregion, und seine Verbreitung in mehreren Lokalformen erstreckt sich über Neuguinea hinaus auf die umliegenden Inseln. Von den Papuas werden die tagsüber in Astgabelungen ruhenden Tiere viel gejagt, da sie zu den grösseren Tieren des Urwalds gehören. Ihr Körperduft ist so stark, dass Papuas ihn vom Waldboden aus wahrzunehmen vermögen. In den Dörfern am Golf von Papua werden junge Kuskus in Bambuskäfigen gehalten, bis sie gross und fett geworden sind. An das Baumleben sind diese Beuteltiere aus der Familie der Kletterbeutler bestens angepasst; ihr auf der Unterseite nackter Wickelschwanz hat die Funktion eines fünften Fusses.

10

Jägerliest *(Dacelo gaudichaud)* aus der Familie der Eisvögel *(Alcedinidae)*. Neben dem papuanischen Verwandten des Lachenden Hans oder Kookabura *(Dacelo novae-guineae)* wird diese Art von allen Eisvögeln der Region am grössten. Ihre bevorzugte Nahrung sind Krabben, Schlammspringer und kleine Eidechsen. In den Wäldern des Tieflandes und in der Savanne entlang der Flüsse lebt eine Vielzahl weiterer Eisvögel; einige sind nicht viel grösser als eine Meise, mit leuchtend weisser Unterseite und tiefblauem Rückengefieder, andere haben so merkwürdige Anpassungen wie den Hakenschnabel (die Gattung *Melidora*) oder den zur Grabschaufel verbreiterten Schnabel (die Gattung *Clytoceyx*, die von Würmern lebt).

11

Nashornvogel *(Aceros plicatus)*. Aus der Umgebung grösserer Ansiedlungen ist dieser Charaktervogel der papuanischen Regenwälder bereits verschwunden, da er mit Schrotflinten heftig gejagt wird. Ins Gebirge geht diese Art nicht. Im Bosavi-Gebiet kommt er nur in den unteren Waldlagen bis etwa 1000 m Höhe vor. Dort stellen ihm die Orogo-Papuas nach, um die Oberschnäbel *(odora = Nashornvogel)* zu gewinnen, die als Handelsartikel bei den Huli-Hochländern gegen Steinklingen und andere Waren ausgetauscht werden. Je mehr Jahrringe der Schnabel auf seiner Oberseite hat, um so höher ist sein Wert. Die Bosavi-Papuas und die benachbarten Huli tragen die Schnäbel als Nackenschmuck (Bild 89). Diese traditionelle Nutzung konnte aber die Bestände nicht gefährden, da der Abschuss im Gleichgewicht mit dem Nachwuchs stand. Auch das Rückengefieder samt Haut *(odora dagas)* wurde als Schmuck im Bosavi-Gebiet aufbewahrt.

12

Das Gespinst dieser Schmetterlingspuppe aus starken rosshaarartigen Spangen lässt den Blick auf die Puppe selbst frei, die golden gefärbt ist, als ob sie mit Bronze bemalt worden wäre. Es handelt sich um eine Spanner- oder Spinnerart. Eine genauere Bestimmung war auch den Museumsspezialisten nicht möglich.

13

Tagfalter der Form *Cethosia chrysippe praestabilis* gehören in Ost-Neuguinea zu den häufigsten Schmetterlingen. Es bedurfte grosser Geduld, den Falter ungestört mit ausgebreiteten Schwingen ruhend photographieren zu können.

14

In einem der Papua-Dörfer am Gama River fand ich diesen zahmen Frauenlori *(Domicella lory)*. Die Loris sind kleine Papageien des australischen, papuanischen und malaiischen Gebietes, die sich von Früchten, Nektar und Blütenpollen ernähren. Sie heissen auch Pinselzüngler-Papageien, weil ihre Zunge mit pinselartigen Borsten besetzt ist, mit deren Hilfe sie Säfte und weiche Nahrung aufnehmen. Es gibt rund 60 Arten.

15

Dieses Porträt des durch Gesetz geschützten Harpyenadlers *(Harpyopsis novae-guineae)* ist meines Wissens die erste veröffentlichte Lebendphotographie. Es wurde im Gehege in Mt. Hagen 1966 aufgenommen. Seinen Namen trägt der Adler wegen des wie bei der südamerikanischen Harpye *(Harpia harpyia)* aufstellbaren Kopfgefieders. Er ist sehr nahe mit dem stark bedrohten Affenadler *(Pithecophaga jefferyi)* der Philippinen verwandt und jagt waldbewohnende Säugetiere und Vögel.

16

Waldboden in etwa 1500 m Meereshöhe am Mt. Bosavi. Unter der dünnen Schicht toter Blätter tritt unmittelbar der lehmige Untergrund zutage. Wegen der sehr intensiven Verwesung und der ständigen Auswaschung des Bodens durch heftige Regengüsse kann sich keine Humusschicht bilden. Schwämme *(Microporus* cf. *Xanthopus;* früher *Polystictus sanguineus* genannt) gedeihen auf einem abgestorbenen Ast. Wenig höher am Berg beginnt die Nebelzone, in der dichter Moosbelag den Waldboden bedeckt.

17

Fruchtstand einer *Medinilla*-Art aus der Familie der Schwarzmundgewächse *(Melastomataceae),* die in Neuguinea weit verbreitet ist. Sie gehört zur grossen Gruppe der Myrtengewächse.

18

Bindengecko *(Gekko vittatus).* Die Familie der Geckos ist in Neuguinea hauptsächlich durch unscheinbare, meist rindenfarbene Baumtiere vertreten. Die meisten tragen Haftscheiben. Der sehr auffällige Bindengecko lebt sowohl im Walde (hier am toten Stamm eines Baumfarns) wie auch im Innern von Häusern.

19

Die Roro ebenso wie die benachbarten Mekeo gehören zur Sprachgruppe der Melanesier, die sprachlich nahe mit den Polynesiern verwandt sind. Sie siedeln westlich von Port Moresby an der Südküste und auf Yule Island. In früherer Zeit stellten sie grosse Mengen von einfachen Tontöpfen her, die sie auf Handelsflotten mit ihren *lakatoi* genannten Doppelkanus bis in das Gebiet des Golfes von Papua brachten, um sie dort gegen Sago einzutauschen. Heute ist die Roro-Bevölkerung bereits weitgehend von europäischer Zivilisation beeinflusst.

20, 21

Als Folge des Kulturwandels am Golf von Papua verlassen viele Männer ihre Heimatdörfer, um in den Zentren der Zivilisation Arbeit zu finden. Für die wenigen Facharbeiter wie den Mann auf Bild 20 (im Sägewerk von Baimuru) ist es sehr leicht, eine Dauerstellung zu finden. Doch die vielen ungelernten Hilfskräfte haben es schwer, das tägliche Brot zu verdienen. Sie helfen beim Entladen eines Küstenfrachters oder nehmen andere Gelegenheitsarbeit an – zu Lohnbedingungen, unter denen eine Existenz auch bei bescheidensten Lebensansprüchen schwer möglich ist.

22

Dorfschule der United Church im Gulf District. Unter dem Haus des samoanischen Pastors im Dorf

Karati ist provisorisch ein kleiner Schulraum unterge-
bracht, in dem ein Papua-Missionslehrer der ersten
Klasse die Grundlagen des Rechnens, Lesens und
Schreibens sowie Englisch beizubringen versucht. Die
Symbole auf der Tafel stellen verschnürte Sago-
ballen dar. Die Kinder kommen aus den umliegenden
Dörfern der Gope-Papuas und leben bei der Mission im Internat. Nur für die Ferien kehren sie nach
Hause zu ihren Eltern zurück, denen sie mit fortschrei-
tender Erziehung in Lebensauffassung, Ansprüchen
und Wissensgut immer mehr entfremdet werden.
Nach Abschluss der Grundschule können begabte
Schüler ihre Ausbildung in höheren Missionsschulen
fortsetzen. Allerdings fehlt vielen nach Beendigung
der Schulzeit dann die Möglichkeit, ihr Wissen praktisch im Beruf zu nutzen. Ein hoher Prozentsatz kehrt
in die Dörfer zurück und kann dort nichts mit der erworbenen Bildung anfangen, ist unzufrieden und
arbeitslos. Viele wandern in die Städte ab. Die Mission geht deshalb immer mehr dazu über, die Schul-
ausbildung in technischen Lehrgängen fortzusetzen,
um praktisch anwendbares Können zu vermitteln.
Alle vom Staat anerkannten Missionsschulen erhalten
öffentliche Unterstützung, müssen sich aber auch den
Erziehungsstandards und Prüfungsordnungen der
Regierungsschulen angleichen.

23, 24
Yagaum Hospital bei Madang an der Nordküste. Das
hervorragend ausgestattete Hospital steht unter der
Leitung der Lutherischen Mission in Neuguinea, die
in Neuendettelsau bei Ansbach beheimatet ist. Hier
wird sowohl ärztliche Behandlung praktiziert als
auch einheimisches Personal – Schwestern, Hebam-
men, Krankenpfleger und Hilfsärzte – ausgebildet. Es
stand bis vor kurzem unter der Leitung von Dr. Theodore G. Braun, der bereits 1930 als Arzt nach Neuguinea kam. Gegenwärtig besitzt das Hospital 350 Bet-
ten, einschliesslich einer grossen Station für Tuberku-
losekranke. Die Photographien stammen aus dem
Jahr 1959, als sich der Verfasser selbst von den Folgen
einer schweren Malaria tropica kurieren lassen
musste. Im Laboratorium auf Bild 23 arbeiten eine
deutsche Schwester, ein Chinese, der in Amerika stu-
diert hat, und ein Papua gemeinsam an der mikrosko-
pischen Untersuchung von Blutproben. Die Entbindungsstation auf Bild 24 ist zweckmässig den lokalen
Gegebenheiten angepasst. Häufig kampieren die
nächsten Angehörigen der Patienten in der Umgebung des Hospitals, um immer in deren Nähe zu sein.
Sie bringen auch Verpflegung mit, und ich habe es einmal erlebt, dass am Fuss eines Krankenbettes eine heftig fauchende Waranechse angebunden war.

25
Catilina-Flugboot der Trans Australia Airlines nach
der Wasserung auf dem Kikori River. Ein Dingi und
Kanus mit Aussenbordmotoren holen die Passagiere
ab. Dieser Flug am 5. Januar 1966 war der letzte der
Maschine, die bereits im Zweiten Weltkrieg flog und
nun auf die Übernahme in ein Museum wartet. Anlässlich der Einstellung des amphibischen Flugver-
kehrs war der amtierende Administrator des Territory
of Papua and New Guinea, Dr. John Gunther, an
Bord (zweiter von rechts, mit Hut). Die Schwesterma-
schine dieser Catilina liegt nur etwa 200 m entfernt
von der Landestelle auf dem Grund des Flusses.

26
Deltalandschaft am Golf von Papua. Deutlich ist der
Küstenstreifen oben im Bild erkennbar. Landeinwärts
schliesst sich dichter Sumpfwald auf schlammigem
Untergrund mit ausgedehnten Beständen der Nipa-
Palme (einheitliche, feinstrukturierte Fläche) an. Die
Aufnahme zeigt den östlichsten Mündungsarm des
Purari River, der durch die langgestreckte Insel rechts
in die Alele- und die Aievi-Passage geteilt wird. Klei-
nere Kanäle, teils unter einem Dach aus Wedeln der
Nipa-Palmen verborgen, durchziehen das flache
Schwemmland. An der linken oberen Bildecke liegt
(auf dem Bild nicht erkennbar) am Rande des sandi-
gen Küstenstreifens das Dorf Ivira. Zehn Kilometer
Luftlinie weiter westlich, also links ausserhalb des
oberen Bildrandes, liegt die grosse Siedlung Orokolo.
Der Küstenstreifen zwischen Alele- und Aievi-Passage im Bild ist etwas länger als drei Kilometer. Links
im Vordergrund tritt das dunklere Wasser des kleinen
Murua River in den Mündungsarm. Der Purari hat
insgesamt drei Hauptarme: den Purari selbst, den Ivo
und den Waroi. Seine gewaltigen Wassermassen sollen stromaufwärts zur Erzeugung von Elektrizität genutzt werden.

27
Entwaldete Bergzüge des zentralen Hochlandes nahe
Menyamya. Nur mehr vereinzelte Baumbestände stehen im weithin alles Land bedeckenden Kunaigras.
Erschreckend grosse Teile des Berglandes sind bereits
auf diese Weise ihrer natürlichen Vegetation beraubt
worden, nicht so sehr durch Holzeinschlag jüngeren
Datums als durch Brandrodung in voreuropäischer
Zeit. An steileren Hängen beginnt die Erosion zu
arbeiten. Das harte Kunaigras ist wenig geeignet, um
etwa als Viehweide genutzt zu werden. Mit dem Wald
schwand auch Lebensraum für zahlreiche Hochland-
tiere, zum Beispiel den Blauen Paradiesvogel (Paradisornis rudolphi) und andere Paradiesvogelarten.

28

Der Hafen von Port Moresby liegt geschützt hinter dem Küstenriff. Die Bucht ist eingerahmt von Hügeln, die mit *Eucalyptus*-Savanne bedeckt sind. Port Moresby ist Sitz der Regierung und des Abgeordnetenhauses. Sein wirtschaftlicher Aufschwung und der rapide Bevölkerungszuwachs begannen erst in jüngster Vergangenheit. 1904 lebten hier 66 Weisse, davon nur 5 Frauen. 1966 ergab eine Volkszählung 9865 Nichteinheimische sowie 31983 Papuas und Melanesier. Bis 1972 erhöhte sich die Bevölkerung um weitere 24000 Personen. Der Hafen der Stadt ist der wichtigste Umschlagplatz Ost-Neuguineas mit einem Importvolumen von 59 Millionen australischen Dollar und einem Exportvolumen von 10 Millionen australischen Dollar (1967/68). Frachter aus Hongkong, Australien, Japan, Singapur und anderen Ländern bringen Maschinen und andere Fertigprodukte, Baumaterialien und Nahrungsmittel und nehmen dafür hier und in anderen Häfen Kopra, Kaffee, Kakao, Holz, Naturkautschuk und weitere Rohstoffe an Bord. Auf dem Bilde links liegt das Zollgebäude. Im Vordergrund die Cuthbertson Street, an der die grossen Speditionsagenturen wie zum Beispiel die Papua Agencies sowie das Postamt und die Australian National Bank liegen. Das Wachstum Port Moresbys konzentriert sich vor allem auf das von Trockensavanne bedeckte Land hinter den die Küsten säumenden Hügeln, während sich im alten Stadtkern am Hafen das Bild weniger rasch ändert. Immerhin steht dort seit einigen Jahren das erste Hochhaus Neuguineas.

29

Die letzte aktive Junkers 52 in Neuguinea und im Hintergrund eine De Havilland Otter, die auch als Amphibienflugzeug mit Schwimmern ausgerüstet werden konnte. Beide stehen auf dem alten Flugfeld von Mt. Hagen; die Aufnahme stammt vom Juli 1959. Damals bestand die «Stadt» Mt. Hagen im zentralen Hochland nur aus einigen Hütten rund um das Rollfeld, erbaut aus Buschmaterial. Das auffälligste Gebäude am Ort war das Kalabus, das Gefängnis, in dem es sich aber für die hier arretierten Papuas ganz gut leben liess. Manche sollen sogar stolz darauf gewesen sein, einmal im Kalabus gesessen zu haben. Man erzählt sich, dass ein Hochländer seine beiden Söhne, die während seiner Haft geboren wurden, Kalabus I und Kalabus II taufte.
Die Ju 52, als «Tante Ju» seinerzeit wohl das populärste Flugzeug, hat unschätzbar viel zur Erschliessung des Inneren von Neuguinea beigetragen. Später traten DC-3-Maschinen an ihre Stelle, aber auch sie verschwanden seither grösstenteils. Da das Land bis ins Innere weitgehend punktförmig, d.h. durch

Flugfelder, erschlossen ist, steht auch heute noch der Lufttransport an wichtigster Stelle. Im Jahre 1968 zum Beispiel wurden in ganz Ost-Neuguinea 500000 Passagiere und 25000 Tonnen Fracht im Inlanddienst befördert.
Das alte Rollfeld liegt heute inmitten einer aufblühenden Stadt mit 3315 Einwohnern (Zensus 1966), wo man im erstklassigen Hotel mit Air-Condition wohnen kann und im Delikatessengeschäft eisgekühlten Hummer aus Neuseeland, aber auch den im Lande selbst gezogenen feinen Hochlandtee erhält. Auch vorzüglicher Kaffee wird in den Plantagen der weiten Hochtäler geerntet. Der Flugplatz wurde inzwischen zweimal, und zwar immer weiter aus der wachsenden Stadt, verlegt. Auf der ebenen Grasfläche im Bild wird seit einigen Jahren die grosse Mt.-Hagen-Show veranstaltet, ein Festival, zu dem grotesk geschmückte Tanzgruppen aus den meisten Teilen des Hochlandes zusammenkommen.

30

Brücke über den Markham River. Von Lae an der Nordküste führt eine gutausgebaute Überlandstrasse ins zentrale Hochland. Von ihr zweigt kurz hinter der Stadt die Strasse nach den alten Goldgräberorten Wau und Bulolo ab. Vom Goldrausch der zwanziger Jahre ist wenig zurückgeblieben; heute lebt Bulolo von der Sperrholzmanufaktur. Vor 1927 verbanden Trägerlinien die Goldfelder mit der Küste bei Salamaua. Dann traten kleine Flugzeuge an ihre Stelle, die dieselbe Strecke in 30 Minuten schafften. Später kamen grössere Maschinen wie die Junkers G-31 in Einsatz, die alles – vom Bier und Klavier bis zur zerlegten, 2500 Tonnen schweren Golddredsche – beförderten. Die Strassenverbindung entstand erst nach dem Zweiten Weltkrieg. Auch unser Bild ist bereits Geschichte, da es vom Ende der Pionierzeit, nämlich aus dem Jahre 1959, stammt. Damals waren nur die grossen Flüsse überbrückt, und durch die Gebirgsflüsse führten lediglich Furten, die zu passieren nicht jedermanns Sache war.

31

Küstenfrachter in Baimuru, Gulf District. Die Steamships Trading Company in Port Moresby unterhält einen regelmässigen Liniendienst entlang der Südküste. Baimuru ist der letzte Ankerplatz vor Kikori. Ein Patrouillenposten der Administration, eine Sägemühle, Kaufläden für die Papuas, ein Hotel und einige Europäerhäuser säumen den schlammigen, träge dahinströmenden Pie River. Das Hotel dient hauptsächlich Geologen und anderen Angestellten von Mineralgesellschaften als Unterkunft, die das Hinterland nach abbauwürdigen Erzvorkommen und Erdöl absuchen und die Möglichkeiten des Baus von Strassen erkunden, von denen eine vom zentralen Hochland bis hier ins Deltagebiet am Golf von Papua führen soll. In Baimuru werden Gebrauchsgüter und Benzin ausgeladen und der freigewordene Raum mit Koprasäcken, Schnittholz und Packen gesalzener Krokodilhäute ausgefüllt. Die Kanus im Vordergrund sind die eigentlichen Verkehrsmittel im Golfgebiet. Mächtige Einbäume wie dieser, mit einem Aussenbordmotor ausgerüstete sind keine Seltenheit. Ganz vorn liegt ein Kanu, das noch mit der traditionellen Bemalung versehen ist. Das ringförmige Doppelornament nennen die Golf-Papuas *babamäa* – Schmetterling.

32

Kirche und Missionshaus der Unevangelized Fields Mission am Bosavi-Flugfeld, Southern Highlands District. Der Landestreifen, wegen seiner Lage im hohen Wald nur mit kleinen Flugzeugen wie der Cessna 185 benutzbar, wurde von den Papuas auf Geheiss eines Missionars mit Axt und Spaten angelegt. Der Missionar war zu Fuss hergekommen und hatte die kleinere Hütte im Vordergrund als temporäre Behausung bauen lassen. Die Kirche dahinter dient jetzt einem Papua-Pastor von der Küste als Gebets- und Unterrichtsraum. Die Missionierung bei den Bosavi-Papuas stand allerdings zur Zeit der Aufnahme 1966 noch in den ersten Anfängen und hatte erst sehr wenige Erwachsene erfasst, denen anhand einfacher Wandbilder die Begebenheiten des Alten und Neuen Testaments erklärt wurden. Ausserdem übte man mehrere Kirchenlieder ein. Mehr Einfluss hatte der Pastor auf die Kinder der näheren Umgebung, denen er täglich die Anfänge des Lesens und Schreibens beizubringen suchte. Während unserer Arbeit diente uns die Hütte als Unterkunft.

33

Strassenbau im zentralen Hochland 1959. Damals gebot eine Verordnung, dass an jedem Montag der Woche ohne Entgelt am Ausbau des Strassennetzes in den Hochtälern gearbeitet werden musste. Spaten oder manchmal auch nur die blossen Hände haben viele Kilometer des heute bereits weitverzweigten Wegnetzes im Hochland geschaffen. Inzwischen traten schwere Planiermaschinen an die Stelle der Arbeiter.

34, 100

Melanesier auf dem Koki Market, Port Moresby. Die in der Tieflandregion des Central District um Port Moresby siedelnden Stämme mit melanesischer Sprache (vgl. auch Bild 19) kommen häufig zum Markt von Port Moresby, um Betelnüsse, Betelpfeffer, Süsskartoffeln und andere Knollenfrüchte, Bananen, Erdnüsse, Fisch, geräucherte Känguruhs und anderes

zum Verkauf auszustellen. Viele der Melanesier wohnen auch auf ihren Doppelkanus in der Bucht vor dem Markt, die allerdings gegenwärtig zugeschüttet wird, um Land zu gewinnen. Die Preise auf dem Markt sind verhältnismässig hoch, doch sind die in der Stadt arbeitenden Papuas und Melanesier aus allen Teilen Ost-Neuguineas auf diese Einkaufsquelle für frische Feldfrüchte und Betel angewiesen. Koki Market, abends und an Wochenenden überfüllt mit Einheimischen aller Volksgruppen, war einer der wenigen Plätze in der Stadt, die ausser nüchterner Zweckmässigkeit auch etwas von exotischem Reiz besassen. Erstaunlicherweise meiden bei weitem die Mehrzahl der in Port Moresby ansässigen Weissen den Markt, obwohl er meist eine gute Auswahl an frischem Obst wie Bananen, Mandarinen, Ananas und gegen Ende des Jahres auch Mangos bietet. Viele von ihnen haben einfach Angst, sich unter die Menschen zu mischen, obwohl Übergriffe auf Weisse bisher nur ausnahmsweise ohne eigenes Verschulden erfolgt sind. Bedauerlicherweise lehnen es manche in Moresby ansässige Australier generell ab, engeren Kontakt zu den Papuas zu pflegen. Eine grosse Mehrheit lässt sich nur deswegen hier nieder, weil die Verdienstmöglichkeiten im Vergleich zu Australien sehr gut sind. Nach wenigen Jahren oder auch Monaten kehren sie wieder heim. – Die Frau in der Bildmitte (34) zeigt die früher hier übliche Tatauierung.

35

Papuahütten in Badili, Port Moresby, 1970. Nicht alle Papuas in der Stadt und deren Umgebung wohnen so primitiv; die Administration hat in Hohola und andernorts ein Wohnungsbauprojekt grossen Ausmasses für Papuafamilien verwirklicht. Doch andererseits hausen viele tausend Menschen noch wesentlich ärmlicher, als auf dem Bild zu sehen ist. Der ungeheure, kaum kontrollierbare Zustrom aus allen Landesteilen in die Stadt nimmt stetig zu. Probleme wie Hygiene, Sicherheitskontrolle, Arbeitsbeschaffung und die vielen damit zusammenhängenden sozialen Schwierigkeiten sind kaum zu bewältigen. Man muss sich vorstellen, wie verschiedenartig die hier zusammentreffenden Volksgruppen sind, wie schwer sich die früheren, durch kriegerische Auseinandersetzungen charakterisierten Beziehungen überbrücken lassen. Jede Volksgruppe wohnt nach Möglichkeit auch im Stadtbereich in geschlossenen Siedlungsteilen, und Spannungen, etwa zwischen den Hochländern und Küstenleuten, aber auch zwischen enger benachbarten Gruppen sind nicht selten. Sie führen gelegentlich auch zu ernsten Zusammenstössen, bei denen es Tote gibt. Dieser sozialen Trennung steht der enge Kontakt in der Grossfamilie traditioneller Prägung gegenüber. Auch er wirkt sich problematisch aus. Viele der Familien, die Arbeit finden konnten, werden ständig von ihren Anverwandten aus dem Heimatdorf besucht, die sich zwar einquartieren, aber nicht arbeiten und verdienen. Manche der Hütten sind um ein Vielfaches überbelegt, und der tägliche Verdienst muss unter vielen aufgeteilt werden.

Die Hügel im Hintergrund zeigen deutlich, wie sehr der ursprüngliche Trockenwald der Region bereits zurückgegangen ist. Ständige Brände in dem trockenen Klima (100 cm jährliche Niederschläge) und das Abholzen zur Gewinnung von Feuermaterial führen zu ernsten Schäden, ohne dass die verantwortlichen Stellen wirksame Massnahmen dagegen unternähmen oder wenigstens einzelne verbliebene Reste ursprünglicheren Bewuchses in Reservaten unter Schutz stellten. Jedes Stück Land gehört auch hier traditionellen Besitzern, soweit es nicht in früherer Zeit von der Administration gekauft werden konnte. Da niemand die Besitzer heute zum Kauf veranlassen kann und diese sich aus eigenem Antrieb nur ausnahmsweise zum Verkauf entschliessen, ist eine grosszügige Stadtplanung praktisch unmöglich.

36

Behutsam wickelte vor unseren Augen ein Mann der Kaluli-Papuas am Mt. Bosavi seinen Reichtum aus einem Tuch. Er wollte damit Salz und Streichhölzer kaufen, die wir 1966 als Tauschartikel mitgebracht hatten. Wir vermieden es, ihm zu erklären, dass die auf der Schnur aufgefädelten gelochten Metallscheiben, wie sie vor Schraubenmuttern auf das Gewinde gesetzt werden, völlig wertlos sind, obwohl sie so ähnlich wie die alten Münzen aussahen, die früher im Umlauf waren und ein Loch in der Mitte zum Auffädeln besassen. Der Besitzer erzählte uns, er habe die Beilegscheiben als Geld – *morus* (von money) in seiner Sprache – vom Missionar dafür erhalten, dass er beim Anlegen des Flugfeldes mitgeholfen hatte. Der Zahl der «Geldstücke» nach zu urteilen, muss der Mann hart gearbeitet haben. Nur fragt sich, ob er jemals den gerechten Lohn dafür empfangen wird. Später brachten noch andere Kaluli solche Scheiben.

37

Das begehrteste Zahlungsmittel in der Bosavi-Region waren 1966 noch rote und gelbe Glasperlen, die an Fäden aufgereiht als sichtbarer Reichtum um den Hals getragen wurden. Meine Frau teilt gerade mit einem Löffel als Mass für erhaltene Sammlungsgegenstände oder Nahrungsmittel eine Portion in ein bereitgehaltenes Blatt aus. Die Augen der Umstehenden verfolgen mit Spannung, wie hoch die Tauschsumme ausfällt. Jedes einzelne der winzigen Perlchen, das zu Boden fiel, wurde sofort sorgfältig wieder geborgen. Für uns war dieses Tauschverfah-

ren sehr umständlich, denn wir mussten insgesamt je einen Sack von jeder Perlensorte, dazu zwei Säcke Salz, Streichhölzer, Buschmesser und Äxte per Charter von Mt. Hagen aus einfliegen lassen. Doch war der Umgang mit Geld damals im entlegenen Bosavi-Gebiet noch weitgehend unbekannt, wie unser Bild zeigt. Um für Geld etwas Brauchbares einkaufen zu können – oder den vielen Tand, der von tüchtigen Händlern selbst tief in die Wildnis getragen wird –, hätten die Kaluli mehrere Tage durch den Busch nach der Station Kutubu im Osten oder nach Komo im Norden laufen müssen. Seither haben das Geld und das Angebot an Waren europäischer Herkunft auch die Bosavi-Region erobert.

38

Kerewo-Frau im Küstendorf Aweoa am Golf von Papua 1970. Trotz ihrer Spitzenbluse und der ebenfalls im Kaufladen erworbenen Ohrringe ist in ihr noch die ungebrochene Kraft der Zeit der Väter lebendig. Ihr inzwischen verstorbener Mann war der Sippenälteste, und sein Wort hatte das stärkste Gewicht im Dorf. Ihr Sohn ist gewählter Volksvertreter im Local Government Council Kikori, und ihre Tochter arbeitet im Regierungshospital am gleichen Ort. Es wäre falsch zu glauben, die Frauen hätten im Sozialverband nicht mitzubestimmen. Zwar treten sie nur gelegentlich in den Versammlungen der Männer sichtbar in den Vordergrund. Doch habe ich oft genug miterlebt, wie die Frau im Küchenteil des Hauses den Gesprächen bei ihrer Hausarbeit folgt und durch Bemerkungen aus dem Hintergrund auf die Meinungen Einfluss nimmt. Auch waren alte Frauen mir gegenüber oft die besten Informanten über die historischen Überlieferungen, im Beisein und mit ausdrücklicher Zustimmung der Männer. Das tägliche Leben der Frauen im Golfgebiet und wohl generell in Neuguinea bedeutet ständige schwere und in der Regel eintönige Arbeit. Zum Zeichen des Schmerzes über den Tod ihres Mannes hat die Frau inzwischen die Ohrringe abgelegt und ihre Ohrlappen aufgeschlitzt, wie es im Golfgebiet früher allgemein üblich war. Ihr Besitz besteht, wie der fast aller Leute im Delta, nur aus einigen australischen Dollars – gerade genug, um die jährlichen Steuern zu bezahlen, dazu einem oder wenigen Kleidern, Schüsseln, Petroleumlampe, Schmuck, einigen Schweinen, Haus, Kanu, Geräten für die tägliche Arbeit und einem Stück Land in der weiten Wildnis des Deltas.

39

Pairoma-Feier im neuen Männerhaus *(dubu weneh)* des Dorfes Minagoiravi 1970. Die Erziehung der Kinder obliegt neben der Mutter in erster Linie dem

Bruder der Mutter, dem *mudu abea,* weniger dem leiblichen Vater. Zum Abschluss dieses Lebensabschnittes der Kindheit erfolgt eine Absonderung von drei bis vier Monaten im Männerhaus, die mit den Initiationsfeierlichkeiten endet. Diese sind regional unterschiedlich. In Minagoiravi und den anderen Dörfern der Gope-Region wird in Abständen von einigen Jahren die von den Koriki am Purari übernommene *pairoma*-Feier veranstaltet. Wir sehen einen der Novizen, die entlang der Seiten des *dubu weneh* aufgereiht sitzen, während der Schlussphase des Festes. Um den Hals trägt der Junge eine Kette aus Hundezähnen, ebenso sind oberhalb des Kopfes aufgehängte Bänder mit Hundezahnbesatz zu erkennen. Diese Wertobjekte werden vom *mudu abea* zur Schau gestellt und anschliessend (ganz oder teilweise?) dem Jungen übergeben. Dafür erhält er von den Eltern ein oder mehrere Schweine oder andere Geschenke. Dann wird ein Festmahl eingenommen, das im Bild bereits angerichtet ist. In dem weissen Teller liegen geröstete Krabben, und weitere Vorräte werden von den Frauen ausserhalb des *dubu weneh* zubereitet. Im Vordergrund liegt eine Tasche für Krabben aus Sagopalmblättern. Der Junge sitzt mit dem Rücken zum *awae,* dem Schädelschrein seiner Sippe (vgl. Bild 46). Kopfjagdtrophäen sind hier allerdings nicht mehr aufgestellt. Der Vorgänger dieses Hauses wurde im Oktober 1964 durch Brand zerstört, und dabei ging das meiste alte Kulturgut verloren. Neue, aber ganz im traditionellen Stil geschnitzte *kope*-Bretter und eine *kakame*-Figur (rechts), aus einer Astgabelung gefertigt, zieren heute das Haus. Vor jedem *awae* hängt gegen den Mittelgang zu eine *keweke*-Maske, deren Herstellung ebenso wie die *pairoma*-Feier von den Purari-Papuas weiter im Osten übernommen worden ist (siehe Bild 52).

40

Kulturverfall am Golf von Papua: Haus mit Kultschnitzereien im verlassenen Dorf Baravi an einem Seitenarm des Era River. Die Bewohner hatten den Platz bereits vor einigen Jahren verlassen und sich dem Dorf Eragoiravi angegliedert. Die zurückgelassenen *kope*-Bretter, *agibe*- (oder *kakame*-) Flachfiguren und die erste Trommel, die die Baravi-Leute hergestellt hatten, waren dem Verfall preisgegeben. Durch das Dach leuchtete bereits der Himmel, Schlinggewächse waren durch die Seitenwände eingedrungen. Leider konnten wir nur die Trommel erwerben, da die Besitzer der übrigen Objekte tief im Busch für uns unerreichbar Kanubäume schlugen. Die Aufnahme entstand 1966. Als ich vier Jahre später wieder nach Baravi zurückkehrte, hatte bereits übermannshoher Bewuchs den Platz überwuchert, an

dem einmal die Häuser standen. Nur mehr einzelne Hauspfosten bezeichneten die Stelle. Die Schnitzwerke waren längst zerfallen.

41

Kope-Bretter im Dorf Gipi. Der Kontrast zwischen dem alten Kultstück im Vordergrund und den neuen, für den Verkauf in der Stadt hergestellten Kopien alter Muster spricht für sich. *Kope* sind Verkörperungen von Geistern, die bei den Kopfjagdzügen die Krieger stark und unsichtbar, die Feinde aber schwach zu machen vermochten. Mit dem Alter der individuellen Gegenstände wuchs die ihnen innewohnende Kraft. *Kope* können auch direkt durch diese Kraft töten. In der völkerkundlichen Literatur werden sie gewöhnlich als Ahnendarstellungen bezeichnet. Dafür fehlt aber nach unseren Feldforschungen ein Anhaltspunkt. Die Papuas verliehen den *kope* Eigennamen, doch waren dies *kope*-, nicht jedoch Menschennamen. Auch stand die Herstellung nicht in Zusammenhang mit dem Andenken an Verstorbene. Die Entwicklung der *kope* geht auf das Kanu zurück, an dessen Vorderfront beiderseits aussen ein Gesicht eingeschnitten war. Dieses heisst *kope* oder *gope,* was in der Kiwai-Sprache des Fly-River-Mündungsgebietes – die Golfkultur nahm von dort ihren Ausgang – soviel wie «etwas, das sich vorne befindet» bedeutet. Neben dem Kanugesicht kommt auch noch ein schildförmiges Objekt als Ursprung der *kope*-Bretter in Frage, das die Kiwai-Papuas vorn ins Kanu steckten und das ebenfalls mit einem Gesicht verziert war. Der Zusammenhang der *kope* mit dem Kanu kommt auch darin zum Ausdruck, dass früher Kanus aus feindlichen Dörfern das Material lieferten, aus dem die Kultbretter gefertigt wurden. Alle *kope* stehen in den Schädelschreinen (vgl. Bild 46) bei den Schädeltrophäen. Sie werden nur beim Umzug in ein neues Haus von ihrem Platz entfernt. Der Name *kope* tritt in der Urama-, Era- und Gope-Region des Deltas auf. Weiter im Osten, am Purari, heissen die Bretter *kwoi* und noch weiter östlich, bei den Elema, *hohao.* Im Westen bis hin zum Gama River heissen ähnlich geformte Objekte anders, tragen jedoch als Nebenbezeichnung den ursprünglichen Namen *gope.*

42

Kopfjagdtrophäe (e-epu) im Dorf Wowobo. Der Gesichtsschädel ist mit Lehm übermodelliert und mit Augen aus Kaurischnecken versehen. Bünde von Blattfasern der Sagopalme hängen an den Jochbögen und am Unterkiefer. Die Trophäe steckt mit dem Hinterhauptsloch auf einem am oberen Ende beschnitzten Stock *(gare),* der an die aus Blattstengeln der Sagopalme gefügte Wand des Versamm-

lungshauses angebunden ist. Früher wurden alle
Schädel im Sippenheiligtum *(awae)* des Männerhau-
ses *(dubu weneh)* aufbewahrt. Gewöhnlich sind die
Schädel am Stirnbein mit eingeritzten anthropomor-
phen oder geometrischen Mustern gekennzeichnet.
Die im *dubu weneh* aufbewahrten Schädel sind niemals Ahnenschädel, wie ich durch wiederholte Be-
fragungen in vielen Dörfern erfahren konnte.

43

Rettung von *kope*-Brettern in einer zusammenge-
stürzten Hütte am Era River. Das im Vordergrund
liegende uralte Stück ist allerdings von Termiten
schon völlig ausgehöhlt worden. Das Bild steht stell-
vertretend für viele ähnliche Fälle, wo wir gerade
noch rechtzeitig kamen, um wertvolles Kulturgut
vor der Vernichtung zu retten. Sehr oft kamen wir
allerdings auch zu spät. Vor dem linken *kope* liegt
ein tönerner Kochtopf, der von den Melanesiern des
Central District vor langer Zeit ins Golfgebiet gebracht und gegen Sago eingetauscht worden ist
(vgl. Text zu Bild 19).
Das zentrale Motiv der *kope* ist das menschliche Gesicht, wie es von den Kanu-*gope* übernommen
wurde (vgl. Text zu Bild 41). Während auf der
Kanubordwand das Gesicht ornamental in die
Breite ausgezogen dargestellt wurde, ist die Gestaltung der *kope* vertikal ausgerichtet. Es gibt allerdings ausnahmsweise auch *kope*-ähnliche Bretter im
Querformat. Die vertikale Anordnung führte entweder dazu, dass mehrere Gesichter untereinander dargestellt wurden, oder zu einer Streckung der Ornamente des Zentralgesichts nach oben und unten. Das
Gesicht steht aber keineswegs immer im Zentrum,
sondern liegt häufig im oberen Bereich, und bei vielen der so aufgeteilten *kope* ist das Brett selbst zwischen Gesicht und unterem Teil halsförmig schmal
(Stück im Hintergrund).

44, 45, 46, 50 (Bilder 47–49 siehe unten)

Die alte Zeit: Auf seiner Expedition zum Lake Murray am Fly River im westlichen Papua (Bild 71) im
Jahre 1922 machte der Australier Captain Frank
Hurley im Dorf Kinomere der Urama-Papuas Station. Hurley war einer der hervorragendsten Photo-
graphen seiner Generation, und seine Aufnahmen
sind unschätzbar wertvolle Dokumente. In seinem
Buch «Pearls and Savages» (1924 in New York und
London erschienen) gibt er allerdings nicht an, in
welchem Dorf er die drei hier wiedergegebenen Bilder (44–46) aufgenommen hat. Ein besonderer Zufall
brachte uns Klärung. Wir waren auf Urama Island
im Buschwald durch papuanische Freunde zu einer
schon fast von der Vegetation überwucherten Hütte
geführt worden, in welcher der gesamte verbliebene

Inhalt an Kultobjekten aus einem Männerhaus
(dubu weneh) des Dorfes Kinomere untergebracht
war. Zum Glück hatte das Hüttendach noch der
Witterung standgehalten, so dass kein ernsterer
Schaden an den Gegenständen entstanden war. Bild
48 gibt einen Eindruck von der Fülle des entdeckten
Materials. Man hatte das Buschversteck bisher vor
Europäern geheimgehalten. Ein im Dorf ansässiger
Papua-Pastor der Seventh Day Adventists hatte
noch nicht hinreichend Einfluss gewonnen, um die
aktive Zerstörung der heidnischen Gegenstände zu
bewirken; die alten Männer des Dorfes waren noch
zu stark. Doch auch sie scheuten sich nur vor tät-
licher Vernichtung, hatten die Hütte sich selbst
überlassen und waren der Meinung, dass die Geister
sich nicht rächen würden, wenn das Bauwerk zusammen mit seinem Inhalt von selbst verfiel. In anderen Dörfern war man genauso vorgegangen, und
bei unserem Kommen war nichts mehr übriggeblie-
ben. Als wir den gesamten Inhalt der Hütte erwerben konnten, war der Pastor selig und hielt unser
Kommen für eine Fügung des Himmels. Wir ver-
packten alles mit Ausnahme einiger Dutzend Schädeltrophäen. Zwei Jahre später kam ich wieder zu
der Stelle: die Hütte war inzwischen zusammenge-
brochen, die Schädel lagen, dem Regen ausgesetzt
und mit grünlichem Algenbelag überzogen, auf einer
Plattform. Die Holzobjekte wären inzwischen durch
Witterung und Insektenfrass völlig zerstört worden.
Unter den geborgenen *kope*-Brettern von Kinomere
erkannten wir mehrere, die Frank Hurley in seinem
Buch und in dem Werk von Stephen Chauvet «Les
Arts Indigènes en Nouvelle-Guinée» abgebildet hat.
Sie stammten also aus einem der Männerhäuser, die
er 1922 auf Urama photographiert hatte. Zusammen
mit den bisher unveröffentlichten Aufnahmen aus
dem Dorf, die uns das Australian Museum in Sydney freundlichst zur Verfügung gestellt hat, sind
diese Bilddokumente durch unsere Entdeckung noch
wesentlich in ihrem Wert gestiegen. Sie zeigen die
geborgenen Kultgegenstände in der noch weitgehend
intakten Umgebung.
Heute ist Kinomere eines der vielen Dörfer am Golf
von Papua, in denen nur schmucklose Wohnhütten
stehen und wo die Tage so eintönig verlaufen, dass
die junge Generation abwandert. Wir haben selten
mehr als fünf Männer zu gleicher Zeit im Dorf angetroffen, obwohl die Statistik für 1965 immerhin 58
männliche und 40 weibliche Bewohner angibt. Auch
diese Zahl erscheint niedrig im Vergleich zu früher,
als in den grossen Dörfern des Golfes viele hundert,
nach alten Berichten sogar über tausend Männer
lebten (vgl. die Textkapitel des Buches über den
Kulturschutz).
Von den Alten in Kinomere und in den benachbar-

ten Siedlungen konnten wir die geschichtliche Überlieferung erfahren: sie reicht zurück bis zum Ausgangspunkt der nach Osten gerichteten Wanderung, zurück nach Mabudavane, Kiwai Island und Parama Island nahe der Mündung des mächtigen Fly River. Nach mehreren Etappen, die wir genau kennen, kam eine Wandergruppe aus dem Urdorf O'a nach Urama Island und gründete dort die Dörfer Kinomere und Tovei. Kinomere blieb seither an ein und demselben Platz, und wir gehen jetzt daran, durch archäologische Methoden sein Alter zu bestimmen, um damit auch das Alter der Kultobjekte genauer, als es durch Befragung möglich ist, festzulegen.

In Kinomere standen früher zwei Männerhäuser (dubu weneh); davon ist das eine durch Brandstiftung Anfang der sechziger Jahre samt Inhalt vernichtet worden. Das andere namens Daudai steht auch nicht mehr, doch blieb sein Inhalt in der Buschhütte erhalten. Auf Bild 44 hat Frank Hurley die Rückfront eines dieser Häuser aufgenommen. Die Vorderfront schaut immer zum Fluss. Entlang des Mittelganges liegen die Schädelschreine (awae) mit den Kopfjagdtrophäen (e-epu), den kope-Brettern darunter und zu deren Füssen – links im Bild 45 sichtbar – Schädel erlegter Buschschweine. An den Seiten zum Mittelgang hin hängen die keweke-Masken (vgl. Bild 52). Die Männer sind mit Schammuschel (kepa), Rindengürtel (titi bae), vielfältigem Schmuck aus Muscheln, Schnecken, Zähnen und Flechtwerk kriegsmässig gekleidet und tragen auf dem Haupt Federbüschel von Kasuar, Kakadu und Paradiesvögeln.

Der Schädelschrein (awae) auf Bild 46 gehört zum dubu weneh namens Daubai in Kinomere, dessen Kultobjekte wir retten konnten. Fast alle der abgebildeten kope sind erhalten geblieben. Dieses awae heisst Gibairi und die Stücke mit dem auffällig breiten Mund hat ein Mann mit Namen Aimari hergestellt, den die heute sehr Alten noch sahen, bevor er starb.

47

Sehr altes kope aus dem Dorf Omaumere, Urama-Region. Auch in diesem Nachbardorf von Kinomere konnten wir 1966 eine grosse Zahl von Kultgegenständen sichern. Sie waren zusammengeschichtet in einem Verschlag des nicht mehr nach traditionellem Vorbild errichteten Gemeinschaftshauses aufbewahrt. Noch während unserer Arbeitszeit im Golf wurde das Haus abgetragen, und wir nahmen viel Baumaterial davon mit nach Europa, um später einen Schädelschrein rekonstruieren zu können. Omau hiess ein dubu weneh von Tovei, das zusammen mit Kinomere vom Urdorf O'a aus gegründet wurde. Das abgebildete kope stammt aus dem awae

Paiadai. Es ist 79 cm hoch und trägt Reste weisser, roter und schwarzer Bemalung.

Über die Herstellung der kope in alter Zeit wurde bisher nur gesagt, dass gewöhnlich das Holz gebrauchter Kanus das Ausgangsmaterial bildete. Mit einem scharfkantigen Schlagstock aus sehr hartem Holz (tabena) oder einem anderen Werkzeug wurde die Umrissform geschaffen. Die Rückseite bearbeitete man mit der Dechsel, einer geschäfteten Steinklinge. Sodann wurde die Frontseite mit Schlamm eingerieben und nach dem Trocknen der Dekor eingeritzt. Man begann mit den Augen. Zum Ritzen verwendete man geschäftete Haifischzähne (ome giri) (nach anderer Information auch Schalenstücke der Schlammuschel ika). Zwischen den Einritzungen wurde dann das Holz in Spänen entfernt, wobei Schlegel aus Holz (kuku) und Meissel (tupu) aus Kasuarlaufknochen (wia horo) neben einem Eberhauer (bomu giri) ohne Griff Verwendung fanden. Zur Feinglättung nahm man Stücke der Muschel ika. Nach anderen Informanten wurden auch Krokodilzähne und scharfe Steinsplitter verwendet. Schon bevor sich die ersten Weissen im Delta niedergelassen hatten, bekamen die Papuas Zugang zu Metall, da sie im Sand der Küste grosse Nägel (von Wracks) fanden. Solche Nägel wurden an der Spitze breitgeklopft (oder geschliffen?) und als Meissel eingesetzt. Später verdrängten dann Metallgeräte alle früher gebräuchlichen Werkzeuge mit Ausnahme des Schlegels. Natürlich lässt sich ein traditionell hergestelltes Stück sehr leicht von den mit Metallwerkzeugen bearbeiteten unterscheiden. Die Farben: Weiss (amea), aus gebrannten Muschelschalen, Rot (were), gewöhnlich in Form von Bodenmineralien, und Schwarz, meist aus Kohle des leichten wibu-Holzes, wurden mit Wasser angerührt und mittels Faserpinselchen (eheno) in der genannten Reihenfolge aufgetragen.

48

Einer unserer Informanten im Dorf Kinomere hält seine Flachfigur (kakame, sonst auch agibe genannt) namens Naudei in Händen, als er uns darüber berichtet. Ein Mann mit Namen Aimari hat sie hergestellt. Dessen «Vater» Augei wurde in Kinomere geboren, sein «Grossvater» aber noch im Urdorf O'a, vor der Gründung von Kinomere. Aimari hat einen «Sohn» namens Tiwe und dieser einen «Sohn» Awe, der jetzt ein Junge ist. (Die Verwandtschaftsbezeichnungen stehen in Anführungszeichen, da nicht sicher ist, ob leibliche oder soziale Verwandtschaft angegeben wurde.) Dieser Aimari ist derselbe, der auch einige der kope auf Bild 46 hergestellt haben soll. Im Text zu diesem Bild habe ich eine andere Information zur Bestimmung der Lebenszeit des Herstellers angeführt. Beide zusammen lassen darauf schliessen, dass die Herstellung in die zweite Hälfte des 19. Jahrhunderts fällt. Chemische Analysen des Holzes und archäologische Grabungen in Kinomere sind jedoch abzuwarten, bis das Alter endgültig bestimmt werden kann. Aus dem Mosaik von genealogischen Angaben aus Kinomere lässt sich schliessen, dass die Dorfgründung in die Generation der Ururgrossväter der gegenwärtig jungen Generation fällt. Das scheint ein sehr kurzer Zeitraum. Wir hoffen, bald mehr darüber zu wissen. Die Funktion der *agibe*-Figuren in den von O'a aus gegründeten Dörfern war mit der Kopfjagd verbunden: der Getötete *(e-e)* wurde mit dem Rücken an die Wand des *awae* vor Schädel *(e-epu)* und *kope* gebunden und ein *agibe* an seiner Hand festgeschnürt.

49

Kope aus dem *dubu weneh* Daudai von Kinomere, gefunden 1966 in der Hütte auf Bild 48. Name des *awae*: Biwara. Das Stück trägt den Eigennamen Akea'koivi und wurde von Amae, dem «Vater» eines 1967 in sehr hohem Alter verstorbenen Informanten, hergestellt. Amaes «Grossvater» soll aus O'a, dem Stammdorf aller Urama-, Gope- und der meisten Era-Dörfer, gekommen sein. Heute ist O'a ein «Buschplatz», wo zur Sagogewinnung oder Jagd Familien kampieren. Das Stück ist 80 cm hoch und zeigt Spuren roter, weisser und schwarzer Bemalung.

50 siehe 44.

51

Agibe- (oder *agibi*-)Schädelhaken in einer Buschsiedlung der Kerewo. Im Gegensatz zu den von O'a aus gegründeten Dörfern bewahren die weiter westlich, also näher dem Ursprungsort der Wanderung siedelnden Kerewo ihre Schädeltrophäen nicht in Schreinen wie in Bild 46 auf, sondern hängen sie mittels Schlaufen an grosse Flachfiguren aus Hartholz. Das Ursprungsdorf der Kerewo ist Otoia (O'uri) am Omati River, dessen Standort allerdings längst vom Wasser weggewaschen wurde. Otoia ist auch das Ausgangsdorf des eben genannten Urdorfes O'a. Die Leute von Otoia kamen von Parama Island im Western District und ursprünglich aus der Kiwai-Region am unteren Fly River. Der Überlieferung nach begaben sie sich auf die Wanderschaft, nachdem sich das Land des Deltas aus dem Meer erhoben hatte. Damals waren die Flüsse noch schmal, und die heutigen, weiten Trichtermündungen entstanden erst im Laufe der Jahrzehnte und Jahrhunderte. Auch heute geht der Landverlust durch Abwaschung stetig weiter (vgl. Bild 63).

Wir besitzen Bruchstücke von Kanus, die bei den Wanderungen der Pioniergeneration benutzt wurden. Auch bewahren wir Aststücke von Bäumen auf, die die Papuas beim Vorwärtsdringen nach Osten als Brücken über schmale Wasserbarrieren fällten. Damit wird es wohl einmal möglich sein, wenn die gebräuchlichen Datierungsmethoden verfeinert sind, die einzelnen Etappen der Besiedlung und die Entwicklung der Stilelemente auf den Kultobjekten zeitlich festzulegen. Sogar ein Stück Fussboden eines der Langhäuser von Otoia ist erhalten geblieben. Es war als Andenken nach O'a und von dort bis zur Dorfgruppe der Kibaia-Papuas am Era River mitgetragen worden.

Das Holz der *agibe* ist so hart, dass es im gesunden Zustand nicht von Termiten angegriffen werden kann. Erst wenn Tropfwasser die Holzsubstanz geschädigt hat, erfolgt ein rascher Zerfall.

52

Keweke-Masken im Dorf Wowobo, Gope-Region. Es sind die letzten alten Masken dieser Art, die im Golfgebiet überlebt hatten. Früher gehörte zu jedem *awae*-Schrein eine *keweke*-Maske (vgl. Bild 45). Die mittlere als die wichtigste und am meisten mit Kraft geladene Maske heisst Kairi, nach einem Helden, der weiter im Osten – am Purari River – sehr bekannt ist. Die Gope-Papuas sagen auch, dass die *keweke* ursprünglich von dort, von den Koriki-Papuas ins westliche Golfgebiet gekommen seien, also in einer Richtung, die der oben skizzierten Wanderung vom Fly River aus entgegengesetzt ist. Unseren Informanten zufolge sind auch einige Siedler von Osten her in diese Region des Deltas vorgedrungen und haben sich physisch mit den von O'a stammenden Leuten vermischt. Ich kenne z.B. eine Familie im Dorf Gipi, die ihren Ursprung von einer Koriki-Linie ableitet und die ein hier nicht näher behandeltes Zeremonialobjekt in den Gope-Dörfern eingeführt haben soll.

53

Das älteste *kope* des Dorfes Epegau am Wapo River in der Gope-Region. Angeblich stammt es aus dem Dorf Otoia am Omati (siehe Text zu Bild 51), wo es von einem Mann namens Apae hergestellt wurde. Damals war die Differenzierung in Kerewo-, Gope-, Urama- und Era-Papuas noch nicht erfolgt. Bei der Wanderung ostwärts soll es mitgenommen und zunächst in O'a, später in Ani aufbewahrt worden sein. Ani ist das Stammdorf von Epegau und dem in der Nähe gelegenen Dorf Tituhui. Da wir von dort eine ganze Reihe jüngerer *kope* mit ähnlicher Ornamentierung kennen, lässt sich eindeutig nachweisen, dass sehr alte Stücke von späteren Generationen immer wieder kopiert worden sind, so dass regionale Eigenheiten im Stil auf ein oder wenige Vorbilder zurückgeführt werden können. Über den Herkunftsort des alten Stückes bin ich noch im Zweifel, doch hoffe ich auch hier, dass technische Methoden der Analyse die Feldinformationen stützen oder widerlegen werden. Mein Zweifel beruht darauf, dass die Generationenfolge vom Hersteller Apae bis zu einem jetzt noch im Kindesalter stehenden Nachkommen zu kurz erscheint: nach meinen Informanten in Epegau wäre der Hersteller der Urur-«Grossvater» des Jungen. Auch stimmt der Name des Langhauses *(dubu daimu)*, in dem das *kope* hergestellt worden sein soll, Mau'aravi, nicht mit Informationen überein, die ich in der Kerewo-Region über die Namen der *dubu daimu* in Otoia erhielt. Mau'aravi taucht dabei nicht auf (vgl. Text zu Bild 64). Ferner ist mein Zweifel auch auf stilistische Eigentümlichkeiten des Stücks gegründet. Andererseits erhielt ich am Era River im Dorf Eragoiravi ein Urstück, das eine vergleichbare Vorgeschichte besitzt und das dem von Epegau in vieler Hinsicht nahesteht.

54

Nächtlicher Tanz im Langhaus *(dubu daimu)* des Dorfes Gihiteri an einem Seitenarm des Omati River. Dieses Bild von 1959, anlässlich einer Initiationsfeier aufgenommen, ist heute bereits ein historisches Dokument, da die Langhäuser aus dieser Region, die sich landeinwärts an das Gebiet der Kerewo-Papuas anschliesst, verschwunden sind und auch der traditionelle Tanzschmuck mit den weissen Kakadufedern *(kaka)* und die aus Pflanzenmaterial hergestellte Schambedeckung *(wapa)* nur mehr in einzelnen Stücken aufbewahrt wird. Sogar die Handtrommeln *(gama)* werden immer seltener in den Dörfern. Allerdings haben die Gope-Papuas jetzt wieder mehrere Trommeln neu hergestellt.
Die Handtrommel *(gama)* ist erst in verhältnismässig junger Zeit in die Golfkultur eingeführt worden. In den Urdörfern Otoia und O'a war ihr Gebrauch noch unbekannt. Im Text zu Bild 40 habe ich erwähnt, dass die dort abgebildete Trommel die erste überhaupt war, welche die von O'a ausgehende Bevölkerungsgruppe von Baravi hergestellt hat. Auch verschiedene Maskentypen kamen erst sehr spät auf.

55

Junge Mutter im Dorf Maitari am Wapo River, Kikori Sub-District. Der enge Kontakt zwischen Mutter und Kind zeigt sich nach aussen hin besonders darin, dass die Säugeperiode viel länger dauert als bei uns und das Kind sehr viel getragen wird; selbst in den Busch und auf Kanufahrten wird es

mitgenommen. Die Kinderzahl wird von der Mutter durch Einnahme pflanzlicher Stoffe, die zu dauernder Unfruchtbarkeit, zeitlich begrenzter Empfängnisverhütung und zum Abgang des unausgebildeten Fötus führen, in traditioneller Weise reguliert. Die Kindersterblichkeit durch Infektionen war früher wesentlich höher als heute. Die Folge ist eine regional sich anbahnende Bevölkerungsexplosion, allerdings nicht im Golfgebiet. Die von einigen australischen Experten empfohlene Verteilung moderner empfängnisverhütender Mittel zur Regulierung der Populationsdichte wird von den einheimischen Politikern strikt abgelehnt; man sieht darin den Versuch der weissen Kolonialmacht, die einheimische Bevölkerung zahlenmässig kurzzuhalten und das nationale Potential zu schwächen.

56–58

Dörfer und Verkehrsmittel im Deltagebiet im Golf von Papua. Einzelne der küstennahen Dörfer, z.B. Kiwaumai auf Urama Island (Bild 56), sind auf dunklem Sand erbaut. Weiter landeinwärts herrscht morastiger Boden, und bei Hochflut bedecken trübbraune Wasserflächen den grössten Teil des Geländes. Das Dorf Paia am Omati River (Bild 57) zeigte 1959 noch ganz sein ursprüngliches Gesicht. Die Wände der Hütten waren ausschliesslich aus zusammengebundenen Blattstengeln der Sagopalme gefertigt. Bohlenstege verbanden die Häuser. Dagegen sind die Wände der Hütten in Kiwaumai (Bild 56) aus geflochtenen Matten hergestellt, eine Neuerung, die wahrscheinlich mit samoanischen Pastoren ins Land kam. Neuerdings verdrängen zunehmend Bretter aus dem Sägewerk von Baimuru die Materialien, die sich die Leute selbst aus dem Busch holen konnten. Am Flussufer von Paia (Bild 57) wird gerade ein Kanu mit traditionellen Motiven bemalt. Das Kanu ist das alltägliche Verkehrsmittel der Golf-Papuas. Die Bäume für dessen Herstellung werden roh zubehauen und aus dem Hinterland zu den Deltadörfern gedriftet. Hier erfolgt die Feinbearbeitung mit der Dechsel. Im Vordergrund von Bild 57 erkennt man ein Kanu in Bearbeitung, das mit Palmblättern abgedeckt ist, um ein Reissen des Holzes zu verhindern. Im Hintergrund liegen grössere und kleinere Kanus umgestürzt auf Querhölzern. Man schützt dadurch den Rumpf vor dem Eindringen von Bohrmuscheln *(Teredo)*, die in kurzer Zeit das verhältnismässig weiche Holz zerstören können. Das Kanu vorn in Bild 58 wird mit dem Heck voraus gepaddelt. Hier am Kanuende ist der Bootskörper offen und wird nur bei starkem Wellengang – oder wenn das Kanu schwer beladen tief im Wasser liegt – mit einem Lehmwall verschlossen. Im zweiten Kanu sitzt ein Papua-Polizist, der mich auf meiner ersten

Reise im Golfgebiet 1959 auf Anweisung der Administration begleiten musste. Die Paddler ebenso wie die Pastorenfamilie auf Bild 56 tragen bereits die heute allgemein gebräuchliche europäische Kleidung.

59

Buschhütte an einem Sagoplatz des Gama River. Hier wohnen für einige Wochen eine oder mehrere Familien, um den lange haltbaren Sago zu gewinnen und um zu jagen. Die Wedel der Sagopalme im Bild – nicht zu verwechseln mit den ähnlich aussehenden der Nipa-Palme – dienen zum Herstellen der Wände und des Daches. Der Fluss hat normale Fluthöhe. Das Land hier am mittleren Gama River liegt bereits hinter dem eigentlichen Delta und trägt reicheren Baumbewuchs. Ganz rechts im Bild oberhalb der Sagopalmwedel ist eine Schraubenpalme *(Pandanus)* sichtbar.

60

Vordere Plattform des Langhauses *(dubu daimu)* in Kesemba am Turama River westlich der Kerewo-Region. Das ganze Dorf bestand noch 1966 allein aus dem über hundert Meter langen Wohn- und (früher auch) Zeremonialgebäude. Die beiden Hunde rechts und links im Bild sind noch äusserlich ursprünglich, d. h. sie gleichen den Papua-Hunden des Deltas, die dort vor dem Kontakt mit Europäern vorkamen. Es gibt davon eine schwarze und eine (häufigere) dingofarbene Variante. Die mittleren Hunde zeigen bereits Merkmale der Einkreuzung europäischer Rassen, die heute die Papua-Hunde fast gänzlich verdrängt haben. Im Vordergrund die Steigleiter zum Haus, die die Hunde ohne Schwierigkeiten hochklettern. Der Boden der Plattform ist mit der äusseren sehr harten Schicht des Stammes einer Palme belegt, die flach ausgebreitet eine sehr widerstandsfähige und elastische Geh-, Sitz- und Arbeitsunterlage abgibt.

61

Zentralgesicht eines *kope* aus dem Dorf Kinomere. Das Stück erscheint auf einer der Feldphotographien von Frank Hurley (siehe Text zu den Bildern 44–50), die zuletzt von Douglas Newton veröffentlicht wurde (Art Styles of the Papuan Gulf, New York 1961, Abbildung 190, mittleres Stück). Ein Mann namens Naoa fertigte das *kope* vor der Jahrhundertwende.

62

Krieger im Dorf Damaibari der Urama-Papuas. Obwohl die Zeit der Kriegszüge (vorerst?) der Vergangenheit angehört, haben einige Familien den alten Schmuck noch aufbewahrt: den Kopfputz aus Kasuarfedern *(dauri)*, die Stirnbänder aus Hundezähnen *(bete)* und Schnecken *(kiriko)* und die Ohrringe *(tuauo)*.

63

Ehemaliger Standort des Dorfes Aidio in der Kerewo-Region am Golf von Papua. Im Hintergrund liegt Goarebari Island. Stümpfe von Bäumen und Hauspfosten kennzeichnen die ehemalige Landfläche, die bei Flut bereits fast gänzlich von Wasser bedeckt wird. Verlagerungen von Flussströmungen sowie Springfluten führen dazu, dass innerhalb einiger Wochen ganze Inseln verschwinden. In der mündlichen Überlieferung der Papuas ist die Zeit noch lebendig, als alle Flüsse des Deltas schmal und leicht zu überqueren waren. Seither weiten sich die Mündungsarme der Flüsse Jahr für Jahr mehr aus, und das alluviale Flachland verliert zunehmend an Fläche. Eines Tages in erdgeschichtlich naher Zukunft wird wohl das Deltagebiet völlig vom Wasser zurückerobert sein, falls die gegenwärtige Entwicklung anhält.

64

Zentralgesicht des ältesten erhaltenen *titi ebihai* der Kerewo-Papuas. Die Kerewo-Dörfer entstanden direkt vom Urdorf Otoia aus, das an der Mündung des Omati River lag. Dorthin kamen in der Wanderzeit die ersten Siedler direkt von der Insel Parama nahe der Fly-River-Mündung. Otoia ist also die erste Dorfgründung östlich des Turama auf dem Wanderweg gewesen. Von Otoia leitet sich auch O'a, das Urdorf der Urama-, Gope- und Era-Dörfer, her (vgl. Text zu Bild 51). In dieser Aufspaltung liegt der deutliche Unterschied zwischen den Kerewo und ihren östlichen Nachbarn begründet: während die von O'a abgewanderten Gruppen *kope* und andere typische Kultgegenstände herstellten, benutzten die Bewohner von Otoia und die direkt davon ausgehenden Dorfgruppen *titi ebihai* und *kaiaimuru*-Bretter. Für beide wird gelegentlich der Sammelbegriff *gope* gebraucht (vgl. Text zu Bild 43). Sie hatten auch *agibe*-Schädelhaken (Bild 51) anstelle der *awae*-Schädelschreine wie auf Bild 46. *Titi ebihai* sind gewöhnlich hohe, schildförmige Bretter mit einem grossen Loch an der Spitze, in das beim Tanz im *dubu daimu* ein glimmendes oder brennendes Stück Holz gesteckt wurde. Man hielt das *titi ebihai* dabei mit beiden Händen vor sich und schwenkte es nach rechts und links. Solche nächtlichen Tänze müssen ein überwältigendes Schauspiel gewesen sein. Das abgebildete Stück namens Mobei stammt aus Otoia und wurde von uns im fast verlassenen Dorf Aimahe aufgespürt. Die Gesamthöhe beträgt 253 cm. Über die Bedeutung der Kreise um das Gesicht sagten mir die Leute, es handle sich lediglich um ein «titi», eine Verzierung. Der Hersteller hiess Moiha. Ursprünglich stand es in der Abteilung Bihure des *dubu daimu* namens Gewo von Otoia. Das Partnerstück zum *titi ebihai* Mobei wurde bereits früher einmal an einen Europäer verkauft und ist seither verschollen. Es heisst Aribu und trägt eine vollständige menschliche Figur. In derselben Abteilung Bihure des Langhauses lebte einige Zeit früher ein Mann namens Namaiani, nach dem ich benannt wurde. Seine Frau, deren Namen heute meine Frau trägt, hiess Otoia, wie das Dorf selbst. Namaianis Vater Augi war noch auf Parama geboren worden, gehört also zur Gründergeneration. Der Sippenname von Namaiani (*gu* – Name; nicht zu verwechseln mit dem Namen der Abteilung im Langhaus) ist Neboru. Das Alter des *titi ebihai* Mobei ist noch nicht genauer bestimmt. Auf alle Fälle reicht die Entstehung weit vor die Jahrhundertwende zurück. Es trägt unter einer dicken Patina rote, weisse und schwarze Bemalung.

65

Kerewo-Mann im Dorf Aidio, dessen früherer Standort auf Bild 63 gezeigt wird. Der Charakter der Landschaft kehrt in seinen Gesichtszügen wieder und findet auch Ausdruck in der Gestaltung der Bildwerke. Man muss sich bemühen, diese Einheit zu sehen, denn ohne den Zusammenhang mit der Umwelt ist ein Erfassen des Wesens der Kunst am Golf von Papua nicht möglich.

66–68

Atemwurzeln eines Mangrovenbaumes *(Avicennia)* im Schlick des Flussufers. Bei auslaufender Ebbe tauchen entlang der Ufersäume im Delta weite Schlammflächen aus den schmutzig-braunen Fluten, auf denen amphibische Fische *(Periophtalmus)* und Winkerkrabben *(Uca)* ihre Reviere abgrenzen. Wie Staketen verwehren die Atemwurzeln den Zugang zum Ufer. Mangroven kommen nur im Küstengebiet mit stark salzhaltigem Wasser vor. Die Funktion der nach oben wachsenden Wurzeln ist die Zufuhr von Atemgasen, da der Untergrund von der Luft fast gänzlich abgeschlossen ist. Die Wurzelformation auf Bild 68 ist ebenfalls charakteristisch für den schlammig-losen Untergrund: offenbar gibt sie dem Stamm optimalen Halt und bewirkt zudem, dass sich in den einzelnen Kammern zwischen den Brettwurzeln das vom Wasser bei Flut darüber hinweggetragene Schwemmaterial ablagert.

69

Nipa-Palmen-Bestände des Deltas im Bereich des Brackwassers. Durch die Gezeitenströme wird am Golf von Papua das Brackwasser weit landeinwärts in die Ströme und kleineren Kanäle getragen. Die ausgedehnten Nipa-Bestände, kenntlich aus der Vogelperspektive an der feinen Fiederung ihrer bis zu 8 Meter langen Wedel, könnten eines Tages akut gefährdet sein, wenn Pläne verwirklicht würden, die jungen Schösslinge als «Spargel» kommerziell zu verwerten oder Alkohol aus der Stengelsubstanz herzustellen. Das unübersehbare Flussnetz des Deltas ist der Lebensraum einer faszinierenden Fauna, mit so bedeutenden Vertretern wie dem lebenden Fossil *Carettochelys insculpta*, der Papua-Weichschildkröte, und *Crocodylus porosus*, dem Leistenkrokodil.

70

Frau mit einem Ferkel, das im Hause aufwächst. Das Hausschwein gehört mit dem Hund zu den traditionellen Haustieren der Papuas, die bei der Einwanderung nach Neuguinea aus Südostasien mitgebracht wurden. Es gehört einer eigenen Form an *(Sus scrofa f. papuanus)*. Die dunklen, langköpfigen Papua-Schweine sind wesentlich weniger durch Domestikation degeneriert als unsere Hausschweine und zeigen ein erstaunlich ausgeprägtes Kontaktverhalten dem Menschen gegenüber. In papuanischen Häusern trifft man nicht selten Ferkel an, die wie Hunde frei gehalten werden und ihren Pflegern auch in den Busch folgen. Die Papuas ihrerseits entwickeln eine starke Anhänglichkeit den Tieren gegenüber, die allerdings schwindet, wenn das Tier erwachsen ist. Im Sozialleben spielt das Schwein als Wert- und Tauschobjekt beim Festessen anlässlich von Kultfeiern und in der Mythologie eine hervorragende Rolle, stärker als der Hund. Neben den im Dorf gehaltenen Schweinen gibt es halb und gänzlich verwilderte Tiere, die durch Wühlen und Frass sehr starke Umweltschäden hervorrufen.

71

Lake Murray im Western District von Papua. Unmittelbar vor der Landung auf dem Flugfeld von Pangoa geht der Blick über die verzahnten Ausbuchtungen des Sees, der gänzlich von flachem Land umgeben wird. Treibende Sumpfgrasfelder und rotbraune Wasserfarne geben den Krokodilen des Sees *(Crocodylus novae-guineae)* Deckung vor der bis 1966 sehr intensiven Verfolgung durch Papuas und Europäer. Langanhaltende Trockenheit liess in dieser Zeit die Wasserfläche so stark schwinden, dass die Jagd wesentlich erleichtert wurde; die Folge war ein übermässiger Abschuss und das Zurückgehen sowohl der Krokodilpopulation als auch des langfristigen Einkommens der lokalen Jäger, die immer weitere Entfernungen zu ergiebigen Jagdgewässern weiter landeinwärts zurücklegen müssen. Die Jagd bedeutet heute keine akute Gefährdung der Art, da in den weiten unzugänglichen Sumpfgebieten hinreichend Rückzugsmöglichkeiten bestehen, doch setzte der übermässige Abschuss der Blütezeit der Häuteindustrie, die lange Zeit der wichtigste Wirtschaftsfaktor des westlichen Papua war, ein Ende. Lake Murray ist ausserdem einer der ertragreichsten Fischgründe Ost-Neuguineas. Der wichtigste Fisch ist der Barramundi, der hierher über Fly und Herbert River vom Meer aus wandert. Durch die Verschmutzungsgefahr im Fly River als Folge des geplanten Kupferabbaus im Zentralgebirge ist der Lake Murray als Ökosystem stark gefährdet. Er wurde als mögliches Nationalparkgebiet in Erwägung gezogen, doch ist seine wirtschaftliche Bedeutung zu hoch, als dass man gegenwärtig darauf hoffen könnte, seine landschaftlich einzigartige Szenerie mitsamt ihrer Fauna völlig unter Schutz zu stellen. Vielleicht lässt sich ein Kompromiss insofern finden, als man das Gebiet zu einem Naturpark mit gezielter Nutzung der wirtschaftlich bedeutenden Naturgüter wie Barramundi, Krokodile und weniger anderer Arten ausbauen könnte. Lake Murray ist eine der vogelreichsten und landschaftlich anziehendsten Naturlandschaften Neuguineas.

72

Schulkinder in einem papuanischen Küstendorf. Die Erziehung lag früher in Händen der Sippe. Mit dem Kulturwandel treten zunehmend übergeordnete Einrichtungen wie Missions- und Regierungsschulen hinzu. 1967 gingen in Ost-Neuguinea 200000 Kinder in Grundschulen. Bis 1973 sollen es 240000 sein. Höhere und technische Schulen wurden 1967 von 12300 Schülern besucht. Man plant, die Zahl bis 1973 auf das Doppelte zu erhöhen. Das Gesamtprogramm der australischen Administration für den Zeitraum von 1968/69 bis 1972/73 wird voraussichtlich 150 Millionen australische Dollar kosten. Darin ist auch das Budget für die seit 1965 bestehende Universität in Port Moresby enthalten.

73

Unterer Aramia River beim Dorf Waia. Die Wasser des Aramia sammeln sich in den ausgedehnten Grassümpfen des Gogodala-Gebietes und noch weiter landeinwärts im fast unbewohnten Urwaldgürtel südlich des Mt. Bosavi. Das Dorf Waia gehört zum Siedlungsgebiet der Gogodala, doch liegen die meisten Dörfer weiter flussaufwärts im offenen Sumpfland auf leichten Anhöhen aus lehmiger Erde. Ringsum dehnt sich dort zur Regenzeit eine unabsehbar weite Wasserfläche. Auch die Gogodala besassen eine hochentwickelte dekorative Kunst, doch wurde sie durch den Einfluss einer sehr kulturfeindlichen australischen

Sekte fast völlig vernichtet. Die Kanus zierte früher reiches Schnitzwerk mit Darstellungen von Totemsymbolen, und sie trugen vollplastische Bugfiguren. Davon blieben nur wenige Stücke in einzelnen Museen erhalten; in den Dörfern ist fast jede Kunstentfaltung traditioneller Art erloschen.

74

D'Albertis-Schlinger (*Mucuna*) mit ihren leuchtendroten Blütentrauben überziehen häufig Urwaldbäume am Flussufer oder am Rand von Lichtungen bis zur Krone mit einem Gehänge exotischer Farbenpracht.

75

Eucalyptus-Savanne im Hinterland von Port Moresby. Der Trockengürtel im Regenschatten des Owen-Stanley-Gebirges zieht sich entlang der Küste und geht erst an den Abhängen des Gebirges selbst in feuchteren Urwald über. Wegen der in den Tropen sehr starken Verdunstung bedarf es einer jährlichen Regenhöhe von mindestens 150 cm, damit höherer Baumwuchs aufkommen kann. Hier, nahe Port Moresby, fallen aber nur durchschnittlich 100 cm Niederschläge. Neben den leuchtendweissen Stämmen einiger *Eucalyptus*-Arten stehen Palmfarne (Cycadeen) und hartes, im Sommer braungedörrtes Gras. Wallabies (*Protemnodon agilis papuanus*), Beuteldachse (*Peramelidae*) und die sehr seltene Flachkopf-Beutelmaus (*Planigale novae-guineae*) sind typische Beuteltiere dieses Ökosystems. Eine sehr ernste Bedrohung der Bodenfauna einschliesslich *Planigale* stellt die nach 1959 hier vom Menschen eingeführte Kröte *Bufo marinus* dar, die sich unvorstellbar stark vermehrte und in dreifacher Weise ins Lebensgefüge eingreift: indem sie die Unterschlupfstellen unter Steinen und Rinde und in Erdlöchern besetzt, sogar kleine Wirbeltiere verschlingt und deren Futterreserven vermindert, da sie diese ebenfalls auffrisst.

Insgesamt nehmen trockene Lebensräume nur 10% der Landfläche auf Neuguinea ein. Die Savanne erreicht ihre weiteste Ausdehnung im westlichsten Papua, wo sie teilweise einen ähnlichen Charakter wie im Bilde besitzt, jedoch auf nahezu flachem Terrain steht (siehe Abschnitt «Das Torassi- oder Bensbach-Gebiet»).

76

Das Innere des Submontanwaldes in ungefähr 1800 m Höhe am Nordabhang des erloschenen Vulkans Mt. Bosavi. In dieser Zone herrschen den grössten Teil des Jahres Nebel und feiner Regen. Dichter Moosbewuchs an den Stämmen und Ästen, häufig sogar an feinen Zweigen und Blättern, sind die Folge dieser sehr hohen Feuchtigkeit. Die Flora des Bosavi-Gebietes ist noch kaum erforscht. An den Stämmen wächst eine epiphytische *Alpinia* – ein Vertreter der Ingwergewächse *(Zingiberaceae)*, von denen es sehr viele Arten in Neuguinea gibt.

77

Das Männchen der Winkelkopfagame *(Gonocephalus)* spreizt drohend seine Kehlhaut mit einer Knorpelspange, um den Angreifer – in diesem Falle mich – abzuschrecken. Dazu reisst es sein innen leuchtendgelbes Maul weit auf. Die Arten der Winkelkopfagamen sind kennzeichnend für die Tropenwälder Neuguineas und der benachbarten indonesischen Inseln. Die Aufnahme stammt wie die folgenden aus dem Waldgebiet nördlich des Mt. Bosavi.

78

Dieser Bodenfrosch gehört zur selben Gattung wie ähnlich gezeichnete Frösche unserer Breiten. Wahrscheinlich handelt es sich um die Art *Rana daemeli;* früher wurde sie gewöhnlich als *Rana papua* bezeichnet.

79

Ein Laubfrosch aus der Gattung *Litoria* (wahrscheinlich die Art *L. dorsivena*) auf dem Blatt einer Schraubenpalme *(Pandanus)*. Das Blatt ist in auffälliger Weise mit Flechten und anderen Pflanzen bewachsen.

80

Dieses Porträt der sehr seltenen Waranechse *Varanus karlschmidti* ist sicherlich das erste Bild, das überhaupt von einem lebenden Exemplar veröffentlicht wird. Die Art ist 1951 von dem deutschen Zoologen Robert Mertens erstmals wissenschaftlich beschrieben worden.

81

Nashornkäfer *(Scapanes australis)* auf dem abgestorbenen Stamm eines Baumfarns. Er gehört zusammen mit anderen Riesenkäfern der Tropen, aber auch unseren Mai- und Mistkäfern zu der grossen Familie der Blatthornkäfer *(Scarabaeidae)*. Die spitzen Auswüchse an Beinen und Rumpf einzelner Arten, die wie das übrige Aussenskelett aus Chitin bestehen, werden von manchen Papua-Gruppen als Teile von Angelhaken benützt.

82

Das Dach des Regenwaldes in etwa 1000 m Meereshöhe. Eindrucksvoll ist der Artenreichtum dieser Wälder, im Bild kenntlich an den vielfältigen Abstufungen von Grün. Noch bedeckt der ursprüngliche Urwald unabsehbar weite Flächen, doch ist es nur eine Frage der Zeit, bis auch die entlegensten Holzreserven wirtschaftlich genutzt werden können. Nur selten gewährt der Wald Einblick durch das dichte Kronendach: entlang der Wasserläufe und dort, wo alte Baumriesen im Fall benachbarte Stämme mit zu Boden gerissen haben, ist das Kronendach unterbrochen. Leuchtendweisse Kakadus, Nashornvögel und – in der Nähe von Gewässern – weisse Reiher sind die häufigsten Tiere, die man vom Flugzeug aus, über dem Wald fliegend, beobachten kann.

83

Der Farn *Papuapteris* kommt in der alpinen Region Neuguineas im Zentralgebirge vor. Die Aufnahme entstand am Mt. Wilhelm in etwa 4000 m Meereshöhe. In dieser Höhenlage hat die Baum- und selbst die Strauchvegetation mit Ausnahme sehr niedriger Zwergsträucher längst aufgehört.

84

Ebenfalls aus der alpinen Region des Mt. Wilhelm stammt die Aufnahme der Orchidee *Dendrobium flammula*. Sie ist ein echter Epiphyt der Grenzzone zwischen Montanwald und alpiner Region. Das dünne Stämmchen, an dem sie wurzelt, ist dicht mit Moosen und Flechten besetzt. Die Gattung *Dendrobium* ist in Neuguinea weit verbreitet und kommt auch in den Tieflagen vor.

85

In der Gegend der Bergseen Piunde und Aunde am Mt. Wilhelm in etwa 3400 m Meereshöhe stehen vereinzelte Inseln dichten Gesträuchs. Hier findet der Schmarotzer *Amyema* aus der Familie der Mistelgewächse *(Loranthaceae)* die ihm zusagenden Wirtspflanzen.

86

Junge Triebe eines Farns *(Blechnum)* im Montanwald des Mt. Bosavi. Anders als im zentralen Gebirge Neuguineas reicht die Montanwaldstufe am isoliert stehenden Vulkan Bosavi bis unter die 3000-m-Linie. Die Aufnahme entstand am Nordabfall des Berges in etwa 2700 m Meereshöhe. Alle Bäume sind hier dicht mit Lebermoosen *(Hepaticae)* bewachsen. Eine tiefe Moosschicht bedeckt auch den Boden. Sie ist wie ein Schwamm mit Wasser vollgesogen und bildet den Brutraum für viele andere Lebewesen. Mehrere Arten von Engmaulfröschen *(Microhylidae)* legen ihre Eier in die Mooskissen. Die Larven bleiben bis zur Entwicklung zum fertigen Frosch in der Gallerthülle, die aus der Umgebung genügend Feuchtigkeit empfängt. Der breit ausgebildete Kaulquappenschwanz mit seinen zahlreichen Blutgefässen ist während dieser Periode Atmungsorgan; hier findet der Gasaustausch mit der Luft statt.

87

Kaluli-Mann aus dem Dorf Bono im Bosavi-Gebiet beim Herstellen eines Brustgürtels *(migiba)*. Mit einem Pfriem aus dem Flügelknochen des Flughundes *(bereb)* wird eine Masche so stark erweitert, dass der im Mund gehaltene Faden *(dar)* leicht hindurchgeschoben werden kann. Die Aufnahme ist in keiner Weise gestellt. Der Gebrauch der Lippen und Zähne zum Festhalten von Gegenständen ist ein ursprüngliches Verhaltensmerkmal des Menschen, das wir bei den Kaluli in besonders ausgeprägter Weise beobachten konnten. Die rote Gesichtsfarbe, in diesem Falle allein aus Freude am Sichschmücken aufgelegt, ist nicht bodenständiger Herkunft, sondern wurde von einem Regierungsbeamten als Zahlungsmittel verteilt. Sie stammt aus einer chemischen Fabrik.

88

Tanzschmuck eines Kaluli-Mannes im Dorf Didessa. Neben der auch an gewöhnlichen Tagen getragenen Gesässbedeckung aus Blattstreifen, den Hüftschnüren *(dar heo)*, dem Rindengürtel *(iafu* mit hellem Geflecht *mechi)* und der Halskette, die mit Kaurischnecken *(fu)* besetzt ist (Flechtmaterial *biki* oder *kiki)*, trägt der Mann folgenden Schmuck: auf dem Kopf zuunterst eine Perücke aus geflochtenen Schnüren *(misasu)*, darüber eine weitere Perücke aus dickfilzigem Baumbast *(hauia)*. Mit Knochennadeln *(mumoso)* wird diese obere Perücke im Haar festgesteckt. Darüber sitzt ein hufeisenförmiger Aufsatz *(bano)*, in den ein Kranz aus weissen Kakadufedern *(amo fon)* und einzelne Federn des Borstenkopfpapageis *(Psittrichas fulgidus: hahabi)* eingesteckt sind. Hier und da ragt eine Feder darüber hinaus, weil sie im Kiel einer Flügelfeder des Kasuars *(chari)* steckt. Daran sind rote Samen *(bubu)* aufgereiht. Um die Stirn trägt der Mann ein mit Hundezähnen *(kasa bes)* besetztes Band *(migiwabu = dar)*. An den Ohrläppchen hängen Ringe aus Federkielen des Kasuars mit roten und hellgrauen Samen *(bubu* und *soma)* und Federn. In den Gürtel und die geflochtenen Manschetten *(doche)* an Armen und Beinen sind Halterungen für Schmuckfedern *(bido)* eingesteckt. Die Federn selbst stammen von Kakadus und Borstenkopfpapageien. Am Oberarm wird auch ein Büschel Schmuckfedern von Raggis Grossem Paradiesvogel *(Paradisaea apoda raggiana: oro)* getragen. Auf der Rückseite des Gürtels sind frisch aus dem Busch geholte und aufgeschlissene Sagoblätter *(fasera)* eingesteckt. Ferner

stecken dort elastische Stäbe *(bi)* mit Kasuarfedern *(gusua fon)* und Federn von Raggis Grossem Paradiesvogel *(oro)* sowie ein Stab mit darangebundenen Scherenpanzern eines Süsswasserkrebses *(dege gado)* als Rasselinstrument. Die Gesichtsbemalung besteht aus roten Mineralien vulkanischer Herkunft *(bim)* und weisser Tonerde *(soe)*. Beide werden mit Wasser angerührt und das Rot mit dem Finger, das Weiss hingegen mit einem Pinsel aus Pflanzenfasern aufgetragen.

Der Schmuck wurde für diese Aufnahme angelegt, nicht für den Tanz. Der als vordere Schambedeckung vom Gürtel bis über die Knie herabhängende Rindenstoff *(sog)* gehört nicht zur traditionellen Bekleidung der Männer. An seiner Stelle wird ein feinmaschiges Gewebe *(ja farisa)* getragen, das die Scham bedeckt und nur bis zu den Oberschenkeln herabreicht. Die Trommel *(irib)* gehört ebenfalls nicht zur traditionellen Tanzausrüstung, sondern wurde vor dem Tanz und bei anderen Anlässen, aber nicht beim Fest von den Tänzern selbst geschlagen. Der gesamte Tanzschmuck im Bild wird heute im völkerkundlichen Museum von Rotterdam aufbewahrt. Im Gelände wird wahrscheinlich kein einziger vollständiger Tanzschmuck mehr überlebt haben.

89

Nashornvogel-Oberschnabel und Schweinehauer als Nackenschmuck. Die Nashornvögel werden von den Bosavi-Papuas in den tieferen Lagen ihres Wohngebietes (Orogo) gejagt und als Tauschartikel bis hinaus ins zentrale Hochland gehandelt (vgl. Text zu Bild 11). Auf dem Bild trägt ein Huli-Hochländer (siehe Bilder 1 und 7) den Schmuck.

90

Gürtel aus Rinde *(iafu)* mit heller Bespannung aus zierendem Flechtwerk *(mechi)*, Hüftschnüre *(dar heo)* und eingesteckte Blätter als alltägliche Bekleidung eines Kaluli-Mannes. Um den Hals trägt er eine Goldlippmuschel *(gaba)*. Die Narben an den Schultern stammen von Kultfeiern *(oge neimu)*, bei denen die Tänzer von Umstehenden mit brennenden Harzfackeln *(asun)* verbrannt werden. Fast alle erwachsenen Männer im Bosavi-Gebiet tragen diese auffälligen Narben.

91, 92

Diese Kaluli-Frau namens Susu mit ihrem Sohn Aria auf dem Arm ist sehr stolz auf den neu eingetauschten roten Stoff. Rot ist die Lieblingsfarbe der Papuas. Die Zuneigung zu den Kindern – ihre Zahl schwankt zwischen eins und drei – ist bei den Kaluli stark ausgeprägt. Auch hier werden die Kinder selbst dann noch sehr viel herumgetragen, wenn sie schon selbst gehen können.

Auf weiten Wegstrecken liegt das Kind im Tragsack *(as)*, in dem das Kind auf einer Lage Blätter ruht, die als Windeln dienen. Ausserdem werden auch die wertvollen Ketten mit Kauribesatz *(fu)* und anderes Gut darin getragen. Das Mädchen im Sack trägt schon ein Röckchen aus Pflanzenfasern *(hauia)*. Um das Kind gegen Sonneneinstrahlung zu schützen, wird gewöhnlich über dem Sack noch ein Stück Rindenstoff *(sog)* getragen. Die Frauen legen sich meist mehrere schwere Kauriketten um den Hals. Um den Leib sind viele Lagen von Flechtschnüren *(da'bur)* gewickelt. Der Rock der Frauen *(ioa)* unterscheidet sich in Material und Herstellungsweise von dem einfachen der Mädchen *(hauia)*. Im engen Sozialkontakt des Hordenhauses verbindet sich das Kleinkind mit seinen Alterskameraden und den Erwachsenen zu einer stabilen Kommunaleinheit.

93, 95

Porträts zweier Kaluli-Männer im noch nahezu unerschlossenen Bosavi-Gebiet 1966. Damals waren erst einzelne Regierungspatrouillen durch das Siedlungsgebiet dieses Stammes gezogen, und es gab noch keinen einzigen europäischen Ansässigen bis hin zum Lake Kutubu oder dem Patrol Post Komo im zentralen Hochland. Die Kultur war noch weitgehend intakt. Doch inzwischen hat der Kulturwandel um so intensiver eingesetzt (siehe Abschnitt «Mt. Bosavi»), und schätzungsweise 40% der Leute wurden von eingeschleppten Grippeepidemien hinweggerafft. Sehr viele der Männer tragen ausgesprochen semitische Züge. Das frontale Haupthaar wird häufig mit einem Bambusmesser abrasiert. Zur Tracht der Männer gehören eine Kette mit Kauribesatz *(fu)* und einem Stück Goldlippmuschel *(gaba)*, diagonal über der Brust getragene Schnüre *(dar heo)* sowie eine Kette mit aufgefädelten Grassamen *(Coix lacrima-jobi: soma)*, neuerdings mit aufgefädelten Glasperlen (ebenfalls *soma:* vgl. Text zu Bild 37). Um die Schulter wird gewöhnlich ein Sack *(as)* getragen, um darin Rauchgerät, kleinere Werkzeuge, Verpflegung und anderes mitführen zu können.

94

Hordenhaus Didessa der Kaluli nördlich des Mt. Bosavi. Didessa liegt in etwa 1100 m Meereshöhe auf einem leichten Höhenrücken zwischen zwei Flüsschen. Sein mit Sagoblättern gedecktes Dach wölbt sich mit dem First in der Längsachse und quer dazu. Dadurch erhält das Gebäude ein sehr elegantes Aussehen. Es ruht auf einer Vielzahl von Pfählen. Ausser der Haupttür in der Mitte der Frontseite gibt es nur einen entsprechenden Eingang auf der Rück-

seite. Die Mittelhalle wird von den Männern bewohnt, die entlang der Längsseiten ihre Schlaf- und Feuerplätze haben. Dahinter liegen, durch einen Zaun aus Sagoblattstengeln getrennt, die Abteile der Frauen, in denen auch die Kinder aufwachsen und wo gekocht wird. Auch die verheirateten Familien leben im Haus nach Geschlechtern getrennt. Eine Hausgemeinschaft umfasst im Durchschnitt etwa vierzig bis siebzig Menschen. Da die australische Administration dafür eintritt, dass die Hordenhäuser verschwinden und die einzelnen Familien in kleineren Häusern für sich wohnen, werden wohl Aufnahmen wie diese bald zu historischen Dokumenten werden. Im Abschnitt «Mt. Bosavi» werden die Wechselbeziehung zwischen Hordenhaus und Sozialstruktur und die Folgen der neuen Bauweise diskutiert.

95 siehe 93

96

Submontanwald am Nordabfall des erloschenen Vulkans Mt. Bosavi. Nur selten dringen Sonnenstrahlen ins Innere des Waldes. Der Boden und die Äste der Baumriesen sind mit Moosen überzogen, doch ist hier in rund 1600 m Meereshöhe der Epiphytenbewuchs noch nicht so dicht wie im eigentlichen Montanwald. Baumkänguruhs *(Dendrolagus goodfellowi)* und langhaarige Kletterbeutler *(Phalangeridae)*, die noch nicht näher bestimmt werden konnten, der seltene Blaulappenparadiesvogel *(Loboparadisaea sericea)*, der Gelbhaubengärtner *(Amblyornis macgregoriae)* und andere auffällige Vertreter der papuanischen Fauna kommen hier vor. Sicherlich wird eine genauere Bestandsaufnahme ergeben, dass in den vom Menschen unberührten Wäldern des Mt. Bosavi eine sehr reiche Fauna vorkommt, der auch Arten angehören, die der Wissenschaft bisher unbekannt geblieben sind.

97

Baumfarne am Fusse des Mt. Bosavi in etwa 1200 m Meereshöhe. Die Familie der Baumfarne ist mit mehr als 400 Arten über die Tropenländer verbreitet. Einzelne davon erreichen eine Höhe von dreissig Metern und erinnern an Bilder aus dem Erdaltertum, wie sie aus den Ablagerungen in Kohlelagern rekonstruiert wurden. Die Wurzeln überziehen den Stamm mit einem Geflecht (siehe Bild 81).

98, 101

Ela Beach, der Badestrand von Port Moresby an der Korallensee.

99

Abendstimmung über der Hafenbucht von Port Moresby. Gefahrloses Schwimmen im seichten Wasser am Sandstrand, Wasserskilauf, Segeln und Tauchen draussen am Korallenriff gehören zu den Abwechslungen der Australier in Port Moresby, zu denen sich zunehmend Touristen aus Übersee gesellen.

Das Klima um Port Moresby ist trocken, und stärkere Bewölkung mit Regenfällen tritt gehäuft nur zur Zeit des Nordwest-Monsuns zwischen November und März auf. Dann überzieht frisches Grün die trocken-braunen Hügel im Hinterland.

Der Blick von den am Abhang über dem Meer gelegenen Wohnhäusern wurde bereits vom Pionier-Administrator des damals noch British New Guinea genannten Landes, Sir William MacGregor, vor der Jahrhundertwende begeistert beschrieben. Die Abendbrise bringt durch die weitgeöffneten Fenster angenehme Kühle ins Haus, nachdem die Sonne in steilem Winkel hinter den Inseln im Westen niedergesunken ist.

Das hübsche Davara House, eine kleine, gepflegte Pension an der Ela Beach (Bild 101), hat inzwischen einem grossen Hotel weichen müssen.

100 siehe 34

102, 103
Tanzfeste im zentralen Hochland. Leuchtende Federbüsche von Raggis Grossem Paradiesvogel (*Paradisaea apoda raggiana*) wippen über den Reihen der Mbowamb-Männer, die zu einem traditionellen *moka*-Fest ziehen (Bild 102: siehe Text zum Umschlagbild).

Dagegen haben sich die Tänzer auf Bild 103 für weisse Touristen geschmückt, die in Chartermaschinen nach Mt. Hagen eingeflogen worden sind. Die dunklen Schwanzschleppen der Prinzessin-Stephanie-Paradieselstern (*Astrapia stephaniae*), die mit emailliert wirkenden Plättchen besetzten Kopffedern des Wimpelträgers (*Pteridophora alberti*) und die seidig zarten Federbüsche des Kleinen Paradiesvogels (*Paradisaea minor*: Bild 8) werden hier in üppiger Fülle zur Schau gestellt. Der Bedarf an Federn nimmt stetig zu, und obwohl Schutzgesetze zur Sicherung aller Paradiesvogelarten erlassen worden sind, kommen einem beim Anblick dieser und ähnlicher Bilder berechtigte Zweifel an deren Wirksamkeit, solange sie den Gebrauch der Federn für Tanzfeste nicht unter Kontrolle zu bringen vermögen. Wir bejahen den Tourismus und die Tanzfeste im Hochland, doch muss ein Gleichgewicht zwischen dem Federbedarf und den Vogelbeständen geschaffen werden. Die Papuas selbst, vertreten durch ihre jungen weitschauenden Politiker, müssen dafür einstehen, dass mit allen Naturgütern auf weite Sicht gehaushaltet wird. Denn diese Güter sind nicht mehr zu ersetzen, wenn sie einmal durch übermässigen Raubbau ausgeschöpft wurden. Der Bestand der Paradieselstern (*Astrapia*) ist bereits in alarmierender Weise zurückgegangen. Auch der Wimpelträger (*Pteridophora alberti*) wurde stark verfolgt und sein Lebensraum durch Raubbau an den Wäldern empfindlich eingeengt.

Erklärung der Fachausdrücke

Akku'turationsprozess: Kulturwandel unter dem Einfluss einer anderen, stärkeren Kultur, die das Eigenständige teils verändert, teils ersetzt, was im wesentlichen auf eine Angleichung an die stärkere Kultur hinausläuft.

Alluviales Flachland: Durch Fliessgewässer abgelagertes Schwemmland der erdgeschichtlich jüngsten Epoche.

Cargo-Kult: Auf die Güter der Weissen ausgerichtete, religiös motivierte Bewegung unter verschiedenen Südseevölkern. Ihr historischer Kern geht auf den Zweiten Weltkrieg zurück, als amerikanische und australische Truppenverbände riesige Mengen von Ausrüstung und Nachschubgütern auf mehreren Inseln ablagerten. Den Eingeborenen blieben Herkunft und Zweck dieser für sie unerklärbaren Mengen von Material verborgen, und es bildeten sich Gedankenströmungen heraus, die die Erklärung darin sahen, dass die Weissen Zugang zu Güterquellen besassen, die gegenüber den Eingeborenen absichtlich verborgen gehalten wurden. Regional traten Verkünder auf, welche die Leute zu überzeugen vermochten, dass auch ihnen bald solche Güter zuteil würden und dass man sich auf den Empfang durch Anlage von Vorratshäusern, Zerstörung des traditionellen Besitzes und anderes vorbereiten müsse. Da aber die Güter ausblieben, entstanden gefährliche Herde von gegen die Weissen gerichteten Agitationen. Das Problem des Cargo-Kults ist vielschichtig und bildet auch heute noch eines der wichtigsten Hindernisse für europäisch geprägte Administration und Missionierung.

Monokultur: Anbau einer einzigen Pflanzenart (bei uns z. B. Monokultur der Fichte in Wäldern des Flach- und Hügellandes).

Montanwald, Submontanwald: Waldtypen des Berglandes, die abhängig von der Höhenlage eine charakteristische Ausprägung der Artenzusammensetzung und des äusseren Erscheinungsbildes zeigen.

Ökologie: Lehre von den Beziehungen der Lebewesen zu ihrer belebten und unbelebten Umwelt.

Ökosystem: In sich geschlossene Lebensgemeinschaft eigener Prägung, bestimmt durch die Gesamtheit der Umweltfaktoren, wie sie ihrer Art und der Stärke ihres Einflusses nach zusammenwirken.

Pleistozän, auch Diluvium genannt: Erdzeitalters-stufe, nach dem Alluvium die jüngste, bildet zusammen mit diesem das Quartär. Im Pleistozän begann die zweite Eiszeit der Erdgeschichte; die erste, auf die Südhalbkugel beschränkte Vereisung trat im Perm auf.

Population: Bevölkerungseinheit einer Tier- oder Pflanzenspezies oder des Menschen, die räumlich von anderen solchen Einheiten getrennt ist.

Savanne: Baumsteppe. Am bekanntesten die ostafrikanischen Savannen.

solfatarisch heissen Stellen in vulkanischen Zonen, an denen schwefelhaltige Wasserdämpfe ausströmen. Benannt nach dem Krater Solfatara bei Neapel.

Taro: Wasserbrotwurzel. Stärkehaltige Knolle der Kolokasie *(Colocasia antiquorum),* einem Aronstab-gewächs. Verbreitung: Afrika, das malaiische Gebiet und die Südsee.

Wallabies: Gruppe meist kleiner Känguruharten.

Ausgewähltes Schrifttum

Department of External Territories, Canberra: Papua and New Guinea ... a guide to growth. 11 S., ohne Jahresangabe

– Trade and Investment in Papua and New Guinea. 60 S., 1970

GARDI, R.: Sepik. Bern 1958

GILLIARD, E.T.: Birds of Paradise and Bower Birds. London 1969

GRZIMEK, B. und SCHULTZE-WESTRUM, T.: Unterfamilie Paradiesvögel. In: Grzimeks Tierleben, Band IX. München 1970

HADDON, A.C.: Migrations of cultures in British New Guinea. Journal of the Royal Anthropological Institute *50,* 237–280, 1920

HASTINGS, P.: New Guinea Problems & Prospects. Melbourne 1969

HURLEY, F.: Pearls and Savages. New York 1924

KRAUSE, W. von: Junges Neuguinea. Neuendettels-au, ohne Jahresangabe

Man in New Guinea. A Newsletter of Anthropological and Sociological Research in Papua and New Guinea, prepared by the Department of Anthropology and Sociology, University of Papua and New Guinea. Erscheint vierteljährlich

NEWTON, D.: Art Styles of the Papuan Gulf. New York 1961

RAND, A.L. und GILLIARD, E.T.: Handbook of New Guinea Birds. London 1967

RYAN, J.: The Hot Land. Focus on New Guinea. Melbourne und New York 1969

SCHIEFFELIN, E.L.: The Influence of Contact on the Agricultural System of the Great Papuan Plateau North of Mt. Bosavi / Tari Sub-District. Fordham University, Bronx, N.Y. 1971

SCHULTZE-WESTRUM, T.G.: A National Park System for Papua and New Guinea. IUCN Bulletin New Series *2,* No. 16, 135–136, 1970

– Unterfamilie Laubenvögel. In Grzimeks Tierleben, Band IX. München 1970

– Protection of Birds of Paradise in New Guinea. World Wildlife Yearbook 1969. Morges 1970

– Conservation in Papua and New Guinea. Final Report on the 1970 World Wildlife Mission. Morges 1971 (ausführlicheres Literaturverzeichnis)

SOUTER, G.: New Guinea: The Last Unknown. Sydney 1963

The Economic Development of the Territory of Papua and New Guinea. Published for The International Bank for Reconstruction and Development. Baltimore 1965

WARD, R.G. und LEA, D.A.M. (Herausgeber): An Atlas of Papua and New Guinea. Departement of Geography, University of Papua and New Guinea, and Collins & Longman. Glasgow 1970

WILLIAMS, F.E.: The Natives of the Purari Delta. Port Moresby 1924

WIRZ, P.: Beiträge zur Ethnographie des Papua-Golfes, Britisch-Neuguinea. Leipzig 1934

Die projektierten Nationalparkgebiete sind

Kerewo-Turama
Torassi
Mt. Bosavi
Mt. Wilhelm
Tagula-Yela
Lake Murray

Lake Murray siehe Text zu Bild Nr. 71.
Das Projekt Tagula-Yela in der Korallensee
wird auf Seite 120 oben erwähnt. Weitere
grosse Schutzzonen wurden für Mt. Victoria
(westlich von Kokoda im Northern District)
und den Musa River (Northern District)
vorgeschlagen.

Kartenskizzen S. 25, 33, 41
aus «An Atlas of Papua and New Guinea», herausgegeben vom
Department of Geography, University of Papua and New Guinea,
mit Bewilligung des Verlages Collins Longman Atlases, 1970